企→业→日→常→管↓理←系←列←丛←书

物流服务常见问题清单

杜猛
编著

地震出版社
Seismological Press

图书在版编目（CIP）数据

物流服务常见问题清单 / 杜猛编著 . -- 北京 : 地震出版社 , 2021.10
（企业日常管理系列丛书 / 陈明星主编）
ISBN 978-7-5028-5242-9

Ⅰ . ①物… Ⅱ . ①杜… Ⅲ . ①企业管理—物流管理 Ⅳ . ① F273.4

中国版本图书馆 CIP 数据核字 (2021) 第 095649 号

地震版　XM4559/F（6097）

物流服务常见问题清单
杜　猛　编著
特约编辑：段会敏　贾梦婕
责任编辑：王亚明
责任校对：凌　樱

出版发行：地震出版社
北京市海淀区民族大学南路 9 号　　邮编：100081
发行部：68423031　68467991　　传真：88421706
总编室：68462709　68423029
证券图书事业部：68426052
http：//seismologicalpress. com
E-mail：zqbj68426052@ 163. com
经销：全国各地新华书店
印刷：北京柯蓝博泰印务有限公司

版（印）次：2021 年 10 月第 1 版　2021 年 10 月第 1 次印刷
开本：710 × 960　1/16
字数：246 千字
印张：14
书号：ISBN 978-7-5028-5242-9
定价：42.00 元

前　言

PREFACE

常言道："不想当将军的士兵不是好士兵！"每个人都应该有自己的职业追求，将自己锻炼成为一名出色的职场精英。有了目标，工作起来才有劲头，才会让自己获得长足的发展。

工作就是在解决问题，解决问题的水平体现了一个人工作能力的高与低。如何在日常工作中，通过解决每个实际问题而不断提升自己的工作能力，是每个人晋升和自身发展亟待解决的问题！为此，我们特别编写了"企业日常管理系列丛书"。

该丛书包括：《财务工作常见问题清单》《采购管理常见问题清单》《仓储管理常见问题清单》《新产品运营管理常见问题清单》《供应链管理常见问题清单》《行政工作常见问题清单》《绩效管理常见问题清单》《客户服务常见问题清单》《企业资本运营常见问题清单》《人力资源工作常见问题清单》《商品配送管理常见问题清单》《生产管理常见问题清单》《物流服务常见问题清单》《销售团队管理常见问题清单》《促销管理常见问题清单》《项目运营常见问题清单》《国际贸易管理常见问题清单》《大客户销售常见问题清单》共18本，对日常工作常见问题和容易忽略的细节问题进行了梳理，并在整体上架构了不同职位人士的日常工作模型，让每一项工作一目了然，细节无遗漏，工作不失误。读者可以根据自己所需即查即用，轻松解决工作问题。

本丛书有如下特点。

第一，能帮助读者重新梳理自己的工作问题，让工作脉络更加清晰。

第二，能帮助读者加深对每项工作的理解，书中既有针对工作问题的规范性操作，也有经验性的总结，两者的完美结合会对工作问题的解决起到了事半功倍的作用。

第三，每项工作都设有工作场景描述，读者可以根据工作需要，即查即用，避免了在漫天的文字中间寻找答案，非常实用、方便。

第四，能帮助读者养成总结工作经验的习惯。

第五，引导读者形成“问题导向”的工作意识，从此进入自我提升的快车道。

本系列丛书认真选取了当下企业中的热点职位及部门，从日常工作的实际问题出发，针对每个工作问题进行了思路拓展性的解读与分析，给出了经验性的总结阐述，有助于改善从业者当前的工作局面，为从业者搭建起提升其工作能力的可靠阶梯，也为相关专业工作人员全面提升业务水平提供了可借鉴的学习读本。

为了提升物流服务的核心竞争力，除了要不断研发更多的服务品类外，更重要的是提高服务的专业化与规范化程度，关注物流服务工作各个环节的流程化管理，并不断优化这一流程。

本书倡导“物流服务工作清单式管理”，讲解全面梳理了物流服务工作中的常见问题，嵌入“问题导向”的思维意识，重新梳理每项物流服务工作，并通过操作指导与工作经验提示相结合的阐述方式，悉数物流服务工作的关键点。这是一本揭开物流服务管理工作“问题导向”思维方法的书。读者朋友可以对照物流服务日常工作中的常见问题，即查即用。

本丛书在编写过程中，得到了相关从业者及工作伙伴的大力支持和配合，在此一并表示感谢！

目录

CONTENTS

第1章 物流服务市场开发常见问题

第 2 章 物流系统优化与建设常见问题

第4章 物流成本管控常见问题

第1章

物流服务市场开发常见问题

物流服务市场开发是物流企业走向市场的重要一步。它是以企业的定位、目标客户需求调研，以及针对目标客户所进行的物流服务系列产品的开发等为前提的。所以，在市场开发环节，企业要做到目标市场精准定位，并做好后续的市场布局工作。

1.1　如何进行物流服务战略分析

工作场景描述

当企业想对物流服务战略进行分析时，可查看。

解读与分析

制订物流服务战略的目标是通过对物流服务的未来需求进行预测和对整个供应链的资源进行管理，形成客户满意度高的长期规划。先看下面这些问题。

（1）消费者和工业市场的结构可能会发生什么变化？

（2）这些变化将会对企业的物流服务管理产生多大影响？

（3）主要竞争对手在细分市场上的策略是什么？

（4）什么样的供应链结构能够实现成本最小化，并提供具有竞争力的服务水平？

（5）企业应该实施什么样的客户服务战略？如何才能根据客户细分市场、产品类别和订货批量的特点使这些战略更有针对性？

当企业开始为上面的问题寻找答案的时候，物流服务战略分析就已经开始了。

面对激变的环境、多样的需求，企业只有全面审查现行的经营战略，才能赢得先机。物流服务战略是企业经营战略的重要组成部分，企业在对物流服务战略进行分析时，可以从以下几方面着手。

1. 是否满足高层次物流需求

现代物流服务的要求可以用5R——5个“合适”来表示，即将合适数量（Right Quantity）的合适产品（Right Product），以合适的价格（Right Price），在合适的时间（Right Time）送到合适的地点（Right Place）。物流需求不断向高层次方向发展，是整个物流服务环境变化中最为显著的特点。现代物流服务必须真正达到5R的标准，才有可能满足个性化、准时制（JIT）和高附加值的需求。原来那种大量生产、大量销售体制下产生的大量运输将会越来越少，从而对物流企业原有的利益格局产生冲击。在这种情况下，对物流服务战略进行重新审订势在必行。

2. 是否满足激烈竞争的要求

经营环境对战略的影响除了表现在需求方面，还表现在供给方面。一方面表现为参与物流服务竞争的企业越来越多，竞争的范围越来越广；另一方面表现为先进物流技术和手段的运用使物流服务竞争越来越激烈。企业的物流服务战略必须综合竞争对手的因素进行全面考虑。

3. 是否满足可持续发展的要求

在战略上必须合理安排、管理物流，因为这不仅关系到企业自身的效益问题，还关系到整个社会可持续发展的问题。企业对社会的发展是有责任的，如何选择运输工具，如何运用共同配送，以减少物流活动对环境、交通等方面的负面影响，都是在企业物流服务战略中应当涉及的问题。

从以上三个方面对物流服务战略进行分析，将有助于企业在变化的环境中做出正确的战略决策，为企业制订整体的、长期的经营战略提供重要的依据。

其他因素（比如产品特征、物流成本、产品价格等）的重大变化，有时也会成为企业重新审订物流服务战略的推动力。

关键点提示

企业对物流服务战略进行分析时，可以从以下几方面着手：

1.是否满足高层次物流需求；2.是否满足激烈竞争的要求；3.是否满足可持续发展的要求。

1.2　如何制订物流服务战略

工作场景描述

当需要制订物流服务战略时，可查看。

解读与分析

物流服务战略的制订是企业经营管理活动中一项十分重要的工作，它将通过影响物流绩效对客户满意度产生重大影响。科学、合理地制订物流服务战略主要有以下几个步骤。

1. 确定物流服务的要素

一般来讲，明确备货、接受订货的截止时间、进货期和订货单位等要素是物流服务战略策划的第一步。只有清晰地把握这些物流服务的要素并加以控制，才能使以后的决策工作顺利进行。

2. 收集有关物流服务的信息

制订物流服务战略需要收集的信息主要包括：客户对物流服务重要性的认识、客户的满意度，以及与竞争企业的物流服务相比是否具有优势等。这种信息的收集可以通过问卷调查、座谈、访问，以及委托专业调查机构调查的方式来进行。

3. 整理物流服务的信息

分析、整理信息的目的是要明确以下几点。

（1）企业现有的物流服务水平与客户需求之间有什么差距，据此明确企业需要改善或提高的方面。需要注意的是，客户需求是有先后顺序的，一般位于优先地位的是企业物流服务的核心要素，而对于不同的细分市场，服务要素的先后顺序也不尽一致。

（2）企业现有的物流服务水平与竞争对手或其他优良企业的服务水平有哪些差距。想要找出物流服务的不足，企业可以运用定点超越的方法。

4. 划分客户群

由于客户需求受到客户思维方式、行为模式以及地区差异等多种因素的影响，因此，以什么样的特性为基础来区分客户群成为制订物流服务战略的重要问题。同时，企业在划分客户群的过程中，应当充分考虑不同客户群对企业的贡献程度以及客户群的潜在能力。

5. 制订物流服务组合

在对客户群进行划分后，企业首先要做的就是针对不同的客户群制订相应的物流服务基本方针，确保将企业资源优先配置给重点客户群。此后，在对企业物流服务水平预算进行分析和对主要竞争对手的物流服务水平进行分析的基础上，为不同的客户群制订相应的物流服务组合。

物流服务战略的制订是一项系统工作，应当按照上述步骤有序进行，并综合考虑企业外部和内部的影响因素，只有这样，才能使制订的战略成为企业前进的有力保障。

关键点提示

制订物流服务战略的主要步骤有以下五步：

1.确定物流服务的要素；2.收集有关物流服务的信息；3.整理物流服务的信息；4.划分客户群；5.制订物流服务组合。

1.3 如何确定物流服务水平

工作场景描述

当需要确定物流服务水平时，可查看。

解读与分析

物流服务水平是构筑物流服务体系的基础，企业应当从战略的高度予以重视，必须在整个企业中统一思想，取得共识。物流服务水平应当根据客户需要什么或什么将使企业的利润最大化来确定，而不应当是仅仅根据行业标准、管理判断和以往的实践经验来确定。

确定物流服务水平可以按照以下方法进行。

1. 明确物流服务水平与物流成本的关系

根据特定的物流服务组合，每一个物流服务水平都有相应的成本水平。企业在对销售与成本的大致关系进行分析的基础上，就可以将成本与服务对应起来，随着物流服务水平的提高，成本会加速增长。不同服务水平下，收入与成本之差决定了利润曲线。

因为利润曲线上有一个利润最大化点，所以，我们要做的工作是找到这一理想的服务水平。该点一般在服务水平最低和最高的两个端点之间。

2. 确定最优服务水平

一旦确定了各物流服务水平下的收入和成本，企业就可以通过数学方法找到利润最大化点。假定企业目标是利润最大化，即物流服务有关的收入与成本之差的最大化。最大利润在收入变化量与成本变化量相等的点上。

3. 确定服务水平的最佳波动范围

传统上，人们认为只要服务水平的波动始终在可以接受的范围之内，就是令人满意的，不会有惩罚成本。但是，按照知名统计学家田口玄一的损失函数理论来解释，当预定的服务水平没有达到时，就会产生费用浪费、声誉损失和机会丧失等情况。随着服务偏离目标值，损失会增加，递增的速度可以用以下公式表示：

$$L = K(y-m)^2$$

式中，L为单位损失（惩罚成本）；y为服务水平变量值；m为服务水平的目标值；K为常数，取决于服务水平在财务上的重要性。

如果已知损失函数，在服务目标没有满足时，函数就会有一个值。将调整流程以满足不同服务质量要求的成本考虑进来，就可以优化流程，从而得到服务水平的最佳波动范围。

上面介绍的方法是理论上的最优解，此外，在确定物流服务水平时，还应当注意下面一些问题：

（1）应当站在客户的角度考虑物流服务水平。

（2）对不同客户，应当确定不同的物流服务水平。

（3）确定物流服务水平时，应当考虑如何创造自己的特色，形成竞争优势。

（4）确定物流服务水平时，应当本着科学、经济的原则，不能盲目追求高水平。

关键点提示

要想确定物流服务水平，企业需要做到以下三点：

1.明确物流服务水平与物流成本的关系；2.确定最优服务水平；3.确定服务水平的最佳波动范围。

1.4 如何策划物流客户服务战略

工作场景描述

当企业想获得令人满意的物流客户服务战略时，可查看。

解读与分析

物流客户服务是指物流企业为促进其产品或服务的销售，发生在客户与物流企业之间的相互活动。该活动能使交易的产品或服务升值。

一流的物流客户服务是高水平物流服务企业的标志。客户服务不仅决定了现有的客户是否会继续保持，也决定了有多少潜在的客户会成为现实的客户。

企业在策划物流客户服务战略时，可以根据交易前、交易中和交易后的客户服务要素进行，具体应当涉及以下几个方面的内容。

1. 物流客户服务政策

企业给客户提供书面声明，可以避免客户对某些不切实际的服务存有期望。物流客户服务政策的声明应当基于客户需求，有明确的服务标准，同时应当是能够被实施的。声明必须为客户提供当服务没有达到既定的服务水平时，与企业进行沟通协调的方法。

2. 物流客户服务的组织结构

为保证客户服务政策的顺利实施，企业应当选择一种有利于职能部门之间沟通与合作的组织结构形式，并且明确各职能部门的权责范围。

3. 应急服务方案

一般而言，管理人员的规划和管理工作是为了保证物流系统在正常情况下的高效运行。但是，对于物流客户服务，还要准备处理由于可能发生的意外事件而导致的系统瘫痪或系统运行在短时间内发生剧烈变化的情况。

4. 增值服务方案

增值服务是企业保障竞争力的重要武器。客户服务的增值方案可以有很多形式，比如计划一项用来帮助客户提高库存管理水平的培训活动，就是客户服务增值的一种体现。

物流客户服务是营销组合中不可分割的必要组成部分，它在客户的心目中是最重要的。对于每一项物流客户服务，系统都会考虑100多个变量。在代表产品、价格、促销以及实物分拨的100多个变量中，按影响程度排名的前18个重要变量中，有9个变量与物流客户服务有关，其中最重要的服务因素是送达速度。

5. 交易过程要素控制方案

（1）缺货水平。当出现缺货时，可以通过加速发货或者安排合适的替代产品来维持企业与物流客户的良好关系。为了找出导致缺货的环节，企业应根据缺货情况，对产品和客户进行登记。

（2）订货周期。物流客户主要关心的是订货周期的总体时间，控制和管理好组成订货周期的订单传递、输入、处理、分拣、包装和交付等每个组成部分，从而确定订货周期变动的原因，对于物流客户服务来说是非常重要的。

（3）订货信息。应该确定那些需要立即处理的订单，并建立相应的订单处理程序。

（4）加急发货。尽管加急发货的成本要比正常发货的成本高出许多，但是可能比失去客户的成本要低。物流客户服务战略的策划应当考虑这些物流客户应当得到的服务。

6. 售后服务方案

售后服务是物流客户服务中最容易被忽略的要素。物流客户服务政策应当规定如何处理索赔、投诉和退货的情况。同时，在设计物流系统时，对售后服务所形成的逆向物流也要引起特别重视。

物流客户服务对于企业所占市场份额的大小、物流总成本以及最终的盈利水平具有直接的影响。为此，物流客户服务战略的策划对于企业来说是不可缺少的。

关键点提示

物流客户服务战略应当包含的内容有以下六点：

1.物流客户服务政策；2.物流客户服务的组织结构；3.应急服务方案；4.增值服务方案；5.交易过程要素控制方案；6.售后服务方案。

1.5 如何建立物流战略联盟

工作场景描述

当需要选择战略伙伴并通过建立物流战略联盟打造企业核心能力时，可查看。

解读与分析

战略联盟就是企业之间为了达成长期合作的战略目的而结成的伙伴关系。近年来，越来越多的企业将物流活动外包出去或者与其他企业结成物流合作关系共享其物流系统。建立物流战略联盟已成为强化企业核心竞争能力、实现高速增长的重要战略之一。那么，如何建立一个有效的物流战略联盟呢？企业可以参考以下几点。

1. 兼容性是联盟能否成功的基石

兼容性和解决分歧与矛盾的能力是保持联盟之间良好关系的首要因素。如果进行合作的企业缺少兼容性，那么不管它们的业务关系在战略上有多重要，也不管它们各自拥有的资源有多丰富，都很难经受住时间的考验。

考察联盟的兼容性，可以从软件因素和硬件因素两个方面进行。

企业战略、文化、管理模式等都是在选择战略合作伙伴时需要考察的重要方面，相互之间的信任则是最为重要的软件因素，管理层上的争执和不信任对于整个战略联盟来说将是致命的。

硬件因素主要包括企业的经营规模、业务范围、生产能力、信誉、组织结构、合作伙伴和财务变动状况等。应当寻找与自己规模实力相当的企业作为合作伙伴，与一个比自己强大得多的企业结成联盟就好像“与狼共舞”。在所有的硬件因素中，合作伙伴的能力是至关重要的，它是实现联盟目标的保证。

联盟的业务应当是合作双方的核心产品范围或核心业务范围，否则联盟就不会得到双方企业足够的投入。

2. 从现有的客户中寻找合作伙伴

选择战略合作伙伴，最好的办法就是在已经与自己存在业务关系的客户中寻找。这样，每个企业对对方的能力、商业理念、企业文化都有一个比较清楚的认识，双方的业务流程和人员都已经彼此熟悉，所以，同选择新的企业相比，与现有客户建立合作伙伴关系就会容易许多。此外，以前相互往来的经历还可以为保证双方友好相处提供最具说服力的信息。

合作伙伴的选择方法有直观判断法、招标法、协商选择法、采购成本比较法、层次分析法和神经网络法。不同方法各有优缺点，企业可以根据实际情况做出选择。

3. 放开视野寻求新的合作

尽管从现有的客户关系中挑选联盟伙伴有上述诸多好处，但若是企业把视线局限在狭小的范围内，同样有可能丧失找到更佳合作者的机会。新的企业可能在技术和能力上更加适合成为联盟伙伴。当然，寻找这样的企业需要更大的投入。

4. 制订合作伙伴退出联盟的规章

联盟面临的危机之一就是：当合作一方把物流战略联盟纳入企业发展战略，并且已经投入大量的资源时，另一方却突然要求退出联盟。为了避免类似的风险，企业在决定是否组建战略联盟时必须对此做出评估，并且制订退出联盟的规章。

除了上面提到的要点之外，一个有效的物流联盟还应当包括有利于促进物流运作的信息共享、高于各自独立经营时盈利水平的具体目标、各合作伙伴都要遵循的基本操作章程等要素。

关键点提示

企业建立物流战略联盟应当做到以下四点：

1.充分考虑合作双方的兼容性；2.从现有的客户中寻找合作伙伴；3.放开视野寻求新的合作；4.制订合作伙伴退出联盟的规章。

1.6 如何设计物流服务的营销流程

工作场景描述

当物流服务的营销流程出现问题时，可查看。

解读与分析

同其他产品的市场营销类似，物流服务的营销也应当有一个完整的流程，通常可以按照以下几个步骤进行。

1. 信息收集与目标客户需求分析

进行物流服务营销，首先应当依据收集到的客户信息对目标客户进行需求分析。可以通过统计资料、媒体报道和上市企业报表等一般的渠道获取信息，也可以通过电话调查、现场收集和回访等方式获取信息。

信息的收集要围绕物流服务的市场现状和走向、客户的物流模式和水平、客户现有的合作伙伴等情况进行，为分析和预测客户需求打下基础，进而确定与客户接触的最佳时机。一般而言，当目标客户面临流程重组、新项目启动或客户服务危机时，专业物流服务是比较受客户欢迎的。

2. 意向洽谈

在进行初步意向洽谈时，市场人员应当着重介绍企业的实力和相关经验，同时进一步了解客户信息，确定双方合作的可行性，尽量避免在没有进行深入接触的情况下做出不必要的承诺。在进行初步接触后，如果有必要，就应安排专家同客户研讨。通过专家的参与，争取同客户达成初步的合作意向，签订保密协议，以准确了解客户需求和运作状况。

3. 组建项目团队

以项目团队的形式将相关人员组合到一起并制订方案，需要的人员一般包括物流服务策划专家、物流管理和操作人员、成本预算人员、信息系统支持人员和客户方配合人员等。

4. 制订物流服务方案

一个完整的物流服务方案应当包括设计方案和实施方案两部分。很多企业只重视设计方案，实施过程却困难重重。企业可以建立专门的项目实施小组负责项目的实施，并在实施过程中出现问题时，及时调整物流服务方案。如果客户是采用招标的方式选择物流服务的企业，制订方案时不仅要根据客户的招标文件进行，还要为投标现场答辩做相应的准备。

5. 项目运作平稳后交给运作团队

物流服务项目的实施涉及多方面的因素，一般要经过一段比较长的时间后才可能运作平稳。在结合运行情况对物流服务方案进行最后的修订后，该项目即可交给企业的运作团队。

上面介绍的物流服务营销流程是合理的参考模型，实际操作中可能有更多环节，也可能有所简化。

关键点提示

物流服务营销的完整流程涉及如下五个方面：

1.信息收集与目标客户需求分析；2.意向洽谈；3.组建项目团队；4.制订物流服务方案；5.项目运作平稳后交给运作团队。

1.7 如何进行物流服务需求预测

工作场景描述

当无法准确了解物流服务需求，需要做出预测时，可查看。

解读与分析

需求预测是指确定客户在未来某个时点所需要的产品数量及服务。可以用于需求预测的方法有很多，比如小组调查法、臆想预测法、历史类比法、指数平滑法、经典时间序列分解法谱分析法、多元回归分析法、投入–产出模型、生命周期分析法、神经网络法和动态模拟法等。不同的预测方法，其适用范围、复杂程度和预测精度是不同的。

一般来说，物流服务的管理者没有必要直接掌握现有的大量预测方法。因为需求预测活动通常集中在企业的营销、规划或经济分析部门，也就是说，中长期的预测结果常常是由其他部门提供的。对物流经理有实际意义的中短期需求预测方法主要有以下三种。

1. 指数平滑法

指数平滑法是移动平均法的一种，被认为是在同类预测方法中最为精确的方法。该方法只需要很小的数据量就可以连续使用，当预测数据发生根本性变化时，还可以进行自我调整。该方法将所有历史因素的影响都包含在前期的预测值内，只是给过去的观测数据不一样的权数，近期观测数据的权数比远期观测数据的权数要大。

指数平滑法基本的表达式为：

$$F_{t+1}=\alpha A_t+(1-\alpha)F_t$$

式中，F_{t+1}为第$t+1$期的预测值；F_t为第t期的预测值；A_t为第t期的需求值；α为权数（又称为指数平滑系数），其值介于0～1之间。

指数平滑法被认为是在短期预测中最有效的方法。在需求有明显的趋势或季节性变化的情况下，还可以运用一些相关的模型对利用上述表达式计算出的预测值进行修正，以获得更加令人满意的预测结果。

总体看来，预测模型复杂程度的提高并不会增加预测的精度。

2. 经典时间序列分解法

经典时间序列分解法将历史的销量模式分解为四组成分：趋势、季节性波动、周期性变化和随机波动。趋势代表销售的长期变化，原因主要是市场对企业产品和服务的接受程度的根本性变化；季节性波动是指时间序列中规律性的高峰和低谷；周期性变化是需求模式长期的（超过1年）起伏变化；随机波动则是导致销售量变化的其他一些因素。

3. 多元回归分析法

多元回归分析法是一种统计技术，它将除了时间以外的其他影响需求的因素作为变量进行考虑，用来判断那些选定的变量和需求之间的关联程度。根据这一分析，可以利用多个变量建立预测模型，进行需求预测。

物流经理在不了解需求的情况下进行的决策并不是最优的，因而很难做到在物流活动之间合理分配资源。需求预测受到诸如预测技术、历史数据和不规律需求等因素的影响，预测的误差可能很大，甚至会使预测失去实际意义。但是，大多数的需求是有规律可循的，按照预测的需求水平组织物流服务的供给仍然是首选之举。

在理想情况下，如果供应链的流程非常灵活，就可以对需求做出快速反应，则没有必要进行预测。因此，改善供应链的结构，使其对每个客户的需求灵活有效地做出反应，就成为解决预测问题的另一种思路。

关键点提示

企业可以运用下列方法对物流需求进行预测：

1.指数平滑法；2.经典时间序列分解法；3.多元回归分析法。

1.8 如何进行物流服务需求管理

工作场景描述

当与企业能够提供的物流服务能力相比，需求不足或需求过剩时，可查看。

解读与分析

需求管理是指在生产能力或服务水平固定的情况下，对需求水平进行管理，从而产生更加一致的服务需求。

需求的大幅度变动会给很多物流服务企业造成麻烦：在需求高峰时，它们不得不拒绝顾客；在需求低谷时，它们的设施又会被闲置。

消除物流服务需求波动的影响有两种基本方法：一种方法是让供给能力满足变化的需求；另一种方法是对需求进行有效管理，运用营销策略消除高峰、填补低谷，从而产生更加一致的服务需求。

1. 管理和调节供给能力以适应需求

在一个设计和管理良好的物流服务过程中，设备、场地和人员的能力应当是平衡的，服务过程中任何环节都不应该成为运作的瓶颈，但这只是一种理想状况。管理人员可以采取以下几种行动，调整供给能力以适应需求的波动。

（1）在需求的低谷时期安排停工期。为了确保高峰时期能够获得100%的供给能力，在需求水平预计较低的时候，可以安排外部维修活动，让内部员工休假。

（2）使用兼职的人员。可以在企业最繁忙的时候雇佣额外的工作人员。尤其是当需求高峰期时间很短的时候，这种方法可以为企业降低许多固定成本。

（3）租用或分享更多的设施。为了减少对固定资产的投资，企业可以在高峰期采用租用的方式从社会中寻找更多的支持。需求模式互补的企业之间还可以签订正式的共享协议。

（4）跨岗位的培训。即使在整个物流服务系统看起来满负荷运转的时候，某些岗位可能仍然处于利用不足的状态。如果能够对员工进行跨岗位的培训以执行不同的任务，就可以把他们转移到需要人手的瓶颈环节来提高整个系统的供给能力。

2. 使用营销管理手段来构建需求模式

营销组合中的所有要素都可以用来影响需求，在需求管理工作中，往往需要两个或两个以上的更多要素同时改变。

（1）价格手段。价格是需求管理中用来平衡供求关系的一个常用工具。对不同目标市场设定不同的服务等级、制订不同的价格，使每个细分市场的收益达到最大化。但是，在需求超过供给能力的情况下，企业的目标就应当是最具盈利能力的细分市场，这时可以利用价格手段降低其他细分市场的需求。

（2）有效沟通。要想得到顾客对营销组合要素变化的具体反应，企业必须把价格和服务特征发生变化的信息清楚地传递给目标顾客，并告诉他们可以选择的服务有哪些。这样，顾客就可以自发地选择被服务时间，从而达到平衡需求的目的。

（3）通过排队和预订存储需求。虽然物流服务企业同所有的服务性企业一样，几乎无法对供给进行存储，但是它们往往可以存储需求。这项工作可以通过两种方法完成：一种是要求顾客根据先到先服务的原则排队等候；另一种是提供给顾客预订服务的机会。

制订有效的需求管理策略，将营销管理手段和所需的信息系统相结合，物流服务企业将很有希望获得成功。同在固定资产上进行大量的投资相比，成功的需求管理还能为顾客提供质量更高的服务，以提高客户满意度。

关键点提示

物流服务企业的需求管理可以运用以下方法：

1.在需求的低谷时期安排停工期；2.使用兼职的人员；3.租用或分享更多的设施；4.跨岗位的培训；5.价格手段；6.有效沟通；7.通过排队和预订存储需求。

1.9 如何选择物流服务的目标市场

> **工作场景描述**
>
> 当需要为物流服务产品选择目标市场时，可查看。

解读与分析

细分市场是指一组拥有共同特征、需求、购买行为或消费形式的购买者。任何物流服务企业都必须认识到一个重要的营销问题：不同的细分市场为企业提供了不同的发展机会，而且某些细分市场提供的机会可能要好于其他细分市场。企业不仅要根据市场的利润潜力来选择目标市场，还要考虑本企业是否有能力向同样的细分市场提供与其他竞争对手相比同等的或者更好的服务。

选择物流服务的目标市场的过程一般有以下四个阶段。

1. 评估物流服务细分市场

有效的市场细分应当将购买者分为不同的细分群，从而使得每个细分群在相关特征上的相似点尽可能多，而各个细分群之间在这些特征上的不同点也应该尽可能多。在评估物流服务的细分市场时，应当考虑以下几个方面的因素。

（1）细分市场的容量和发展趋势。

（2）市场的盈利能力。

（3）现有竞争的激烈程度。

（4）潜在的竞争对手情况。

（5）竞争对手的预期反应。

（6）是否存在替代服务。

（7）实现有效差异化服务的可能性。

（8）供应商和购买者的议价能力。

（9）撤出市场的壁垒。

2. 明确企业的经营目标和资源状况

企业选择的细分市场必须能够为实现企业的经营目标服务，细分市场的规模和发展潜力应当成为企业实现战略目标的保证。同时，企业自身拥有的技术、资金和其他资源也必须满足细分市场竞争的要求。这两方面因素都是企业在进行目标市场的选择时必须考虑的。

3. 确定物流服务的目标市场

在进行了上面两步分析之后，企业就可能发现一个或几个理想的细分市场。下面提供的一些方法可以帮助企业进一步确定物流服务的目标市场。一家企业要想取得成功，就必须界定和推动自己成为某些特征需求的最佳提供者，而这些特征对于目标市场的顾客来说是非常重要的。

（1）填补市场空位。企业所发现的细分市场可能不存在竞争对手，企业可将服务定位于市场的空白处，这样可以避免激烈的竞争，为企业提供从容发展的机会。

（2）集中选择市场。企业将力量全部集中于一个或者极少数最为有利的细分市场，提供能够满足这些细分市场需求的服务，以期在竞争中获得优势。大多数的中小型物流服务企业会选择这种方式。

（3）全面市场覆盖。企业为众多的细分市场同时提供服务，通过这种方式分散企业的经营风险。只有少数实力雄厚的企业有可能采用这种方法。

4. 清晰表述企业在市场上适宜的定位

把上面三种分析整合起来的结果就是一种定位的表述，它清晰地表明了企业在市场上的定位以及提供的每一种服务。在这种认识的基础上，营销人员就可以制订出具体的营销行动计划了。

物流服务需求是多样的，物流服务环境也在不断地变化。因此，企业在进行物流服务营销策划时，应当充分重视目标市场的选择。

关键点提示

选择物流服务的目标市场的过程为：

1.评估物流服务细分市场；2.明确企业的经营目标和资源状况；3.确定物流服务的目标市场；4.清晰表述企业在市场上适宜的定位。

1.10 如何设计物流服务产品

工作场景描述

当企业想对物流服务产品进行开发与设计时，可查看。

解读与分析

在讨论开发新服务产品的时候，应当阐明所设计产品的创新程度。创新的程度越高，可以借鉴的经验就越少，所包含的风险和费用就越高，管理工作也就越困难。

专业物流服务企业将物流服务视为企业的产品——这是以前用来表述制造业产品的专用词语。通常情况下，一项物流服务产品的开发与设计主要经过以下三个阶段。

1. 进行物流服务产品的需求分析

产品的需求分析是进行物流服务产品设计的基础，同时需求分析是否准确也在很大程度上决定了产品在市场上能否取得成功。在设计物流服务产品时进行的需求分析，其侧重点应当是分析需求的动因。要明确客户选择物流服务产品（也就是将物流业务外包）的目的，进而更加有针对性地提供服务。

2. 确定物流服务产品组合

在物流服务产品中，排在前五位的分别是仓库管理、合同配送、信息系统、车辆管理和订单履行。从产品的角度来看，专业物流服务企业可以为客户提供的服务主要有以下几种。

（1）运输/配送类服务。包括运输网络的设计与规划、运输计划制订、门到门的一站式运输、配送、提供运力和管理运力等。

（2）仓储/库存类服务。包括物流系统规划、库存管理、仓储管理服务和提供仓库设施等。

（3）信息服务。包括提供信息平台、订单处理、物流信息系统开发和运输过程跟踪等。

（4）其他服务。包括供应商管理、包装与流通加工服务、费用代收、咨询服务和售后服务等。

对于不同的细分市场，企业提供的产品组合是不同的，这要根据需求分析的结果确定。

3. 制订物流服务产品的改进方案

在明确了产品组合之后，企业还应当考虑该服务组合改进的可能性，既可以从完善服务体系的角度，又可以从拓展服务内容的角度制订物流服务产品的持续改进方案。

物流服务产品的开发与设计是物流服务营销过程中非常重要的环节，企业应当按照上面提到的三个主要阶段，综合考虑方方面面的因素，慎重进行。

关键点提示

物流服务产品的开发与设计主要经过以下三个阶段：

1.进行物流服务产品的需求分析；2.确定物流服务产品组合；3.制订物流服务产品的改进方案。

1.11　如何制订物流服务产品的定价策略

工作场景描述

当企业对物流服务产品定价时，可查看。

解读与分析

定价策略是指在制订价格和调整价格的过程中，为了达到企业的经营目标而采取的定价艺术和技巧。物流服务营销管理的另外一个内容就是制订定价策略。这项工作可以按照以下步骤进行。

1. 明确定价策略的依据

定价策略的依据通常被形象地描述为一个三角凳，三个凳脚分别表示成本、竞争者和对顾客的价值。产品价格的底线是由成本确定的，上限是由产品对顾客的价值确定的，而竞争者则是确定实际价格时必须考虑的重要因素。

2. 明确定价的导向

物流服务企业的目标对定价策略起着指引方向的作用，定价时可以遵循以下三种导向。

（1）以利润最大化为导向。企业以利润最大化为目标是一种最常见的情况。在这个目标下对服务产品定价，必须在对物流成本有清晰认识的前提下，通过盈亏平衡分析法进行分析。

（2）以平衡需求为导向。在需求变动幅度过大时，企业以平衡需求为导向进行定价是有必要的。

（3）以顾客为导向。为了吸引或激励顾客，企业制订的产品价格可能低于其竞争对手的产品价格，甚至可能会在短时间内低于自身的运营成本。

3. 制订定价策略

任何一种产品服务，顾客都会判断他们所付出的东西的回报——他们得到了什么。

一个完整的价格策略应当明确以下信息。

（1）收取的价格是多少？

（2）定价的依据是什么？

（3）应当由谁来收款？

（4）应当何时、何地、怎样付款？

（5）如何把价格告诉目标市场？

4. 确定价格

制订物流服务策略的最后一个步骤就是确定产品的价格。在所有的产品定价方法中，下面一些方法是值得物流服务管理者注意的。

（1）FOB定价法。FOB（Free on Board）代表“船上交货价格”，也称离岸价。在实践中，这一方式仅指价格有效的地点。FOB定价体系中有多种价格表示方法，最常见的是FOB工厂价和FOB目的价。

①FOB工厂价是在工厂所在地的单一价格。客户在工厂取得商品所有权，并负责由该点开始的运输。在实际的操作过程中，客户可能要求供应商安排运输，因为供应商可能有更好的运输设备，或者可能与其他客户的货物合并来获得更低的运输成本。运输完成后，客户再向供应商支付实际的运费。

②FOB目的价是到客户所在地或其附近地区的价格。在这种定价方式下，运输成本已经包含在价格内，供应商要负责所有的运输。

（2）分区定价法。该方法在一个较广的地域范围内实行单一价格，可以有效地降低管理的复杂性，从而降低成本。根据企业所需的地区价格的差异，可以划分多个区。

（3）单一定价法。最简单的定价方法就是不考虑客户所在的位置，对所有客户采用同一价格。这种定价方法掩盖了产品分拨到不同客户的成本差异。

（4）数量折扣。一次交易的商品数量越多，单位成本就越低。这使得许多企业利用给大批量采购的顾客许以低价的办法增加自身的销售额，进而获得更高的利润。

一个完整的定价策略绝不仅仅是确定货币价格本身，还包括许多其他内容。制订物流服务企业的定价策略要在了解企业目标和其他相关要素的基础上有步骤地进行。

关键点提示

制订物流服务产品的定价策略的步骤是：

1.明确定价策略的依据；2.明确定价的导向；3.制订定价策略；4.确定价格。

1.12 如何收集与整理物流客户信息

工作场景描述

当需要收集与整理物流服务的客户信息时，可查看。

解读与分析

客户是指企业所有的服务对象，包括股东、雇员、顾客、合作企业的合作者、社区的居民、政府官员和供应商等。

充分、及时、准确地收集客户信息并加以整理是企业进行客户管理的基础，有助于企业更加有针对性地开展物流服务，改善物流作业环节。

1. 客户信息的收集

（1）收集到的信息内容应当完整。企业应当及时掌握有关内部客户与外部客户的合作程度、物流服务的质量、需求的满足程度和价格水平的适用性等相关信息。具体来看，应当从以下方面收集客户信息。

①市场占有情况。

②对客户需求的响应情况。

③价格水平的适用情况。

④客户的投诉和抱怨情况。

⑤处理投诉的时间及质量情况。

⑥内部职能的协调与流程响应情况。

⑦客户关系状况。

⑧客户结构变化情况及原因。

⑨员工服务态度与技能状况。

（2）收集信息的方法应当多样。收集客户信息的方法可以粗略地分为现有资料分析法和实地调研法两大类，企业可以根据实际情况有选择地使用。

①现有资料分析法。收集客户信息可以利用的现有资料包括各种统计资料、公开发表的研究报告、向咨询机构购买的调查结果、企业内部的相关记录和客户提供的信息等。

②实地调研法。通过实地调研收集客户信息时，可以采用的方法有电话回访、会议调查、现场观察、邮件调查和实验模拟等。

2. 客户信息的整理

收集到的客户信息是零散孤立的，必须进行深入分析和加工整理才能为企业所用。对客户信息的整理可以从以下两个角度出发。

（1）提供客户服务。整理后的信息应当满足客户服务的要求，包括产品的特点、产品升级、是否有现货、安装调试、保修、合同条款以及货物跟踪查询等。

（2）提供决策支持。收集和整理客户信息的主要目的是向企业的管理人员提供决策支持。比如：与客户使用经历有关的信息可以帮助企业进行产品改进和新产品开发；与客户需求有关的信息可以帮助企业有效调节库存；与客户地理位置有关的信息可以帮助企业进行合理的物流系统规划等。

因此，根据不同的使用目的对客户信息进行整理是非常必要的。企业应当重视对物流服务客户信息的收集和整理，可以通过建立信息中心或者成立客户咨询小组的方式改进这项工作。在收集和整理客户信息的过程中，企业应当充分重视信息的真实性和时效性。

关键点提示

收集与整理客户信息时应当做到以下几点：

1.收集到的信息内容完整；2.收集信息的方法多样；3.整理后的信息满足客户服务的要求；4.整理后的信息能给企业决策提供支持。

1.13 如何提升物流服务的客户价值

工作场景描述

当希望提升物流服务的客户价值时，可查看。

解读与分析

客户价值是指客户购买某一产品或服务时，所期望获得的收益与所支付成本（包括时间、精力和货币等）之间的差额。

在构成客户价值的诸多因素中，物流服务的生产成本与客户获得服务所支付的包括货币、时间等成本趋同。所以，不断改善客户服务质量是提升客户价值的最有效途径。

1. 为关键客户提供增值服务

每个企业都有自己的关键客户，企业应当给予他们特别的关注。按照二八定律，企业80%的经营收入是由20%的关键客户带来的。因此，通过提供增值服务让关键客户更加满意，是增大企业总客户价值的最有力保障。

2. 实行差异化服务

企业不能把精力和成本平均分摊到每个客户身上，因为每种客户价值的大小是不一样的。对于忠实的客户和具有潜力的新客户来说，企业有必要通过个性化和增值的服务手段来增大其客户价值；而对于普通客户而言，标准化的服务就足够了。

3. 提供特殊服务

企业只有不断关注细节才能显示服务到位，才能让客户真正满意。在面对强大的竞争对手时，唯有尽力在不同的方面为客户提供特殊的增值服务才有可能争取主动。企业不能够以任何借口剥夺客户对服务斤斤计较的权利。

4. 增强客户体验

增强客户体验的关键是强化有形证据在客户服务中的作用。企业所提供的产品应当能够满足客户的需要；产品的价格对于客户来说应当是合理的；企业给客户留下的印象应该是不断追求完美和值得信赖的。在任何时候，企业予以客户额外的关心都不会是多余的。

5. 重视客户抱怨

任何一家企业都不可能没有客户的抱怨，事实上，抱怨是一种信息反馈的方式。正是因为信任，客户才会对企业的服务中存在的问题产生抱怨，而从处理好客户抱怨到让客户更满意的过程，也正是企业的客户价值提高的过程。从这个意义上讲，客户的抱怨往往比赞美对企业的帮助更大。

6. 协助客户成功

客户同样是渴望成功的。如果能在向客户提供服务的同时取得双赢，将是提升客户价值非常有效的手段。企业应当站在客户需求的角度，为客户着想，有效地提升客户价值，这样才能使企业获得更大收益。

关键点提示

提升客户价值的方法有以下六种：

1.为关键客户提供增值服务；2.实行差异化服务；3.提供特殊服务；4.增强客户体验；5.重视客户抱怨；6.协助客户成功。

1.14　如何开发物流服务新客户

工作场景描述

当企业想开发物流服务新客户时，可查看。

解读与分析

吸引和争取更多、更有潜力的新客户对于任何企业来说都是关系到其发展的头等大事。要开发物流服务新客户，企业可以从以下两个方面着手。

1. 利用完备的物流服务体系吸引客户

完整的物流服务体系是开发客户的基础。只有具备满足开展物流服务所需要的设施和作业体系，才能使企业具有足够的吸引力。

（1）优化物流服务设施配置。物流服务设施包括房屋建筑、各类机械设备、运输工具、通信设备以及信息系统和网络等。企业在进行设施配置的时候，一定要与物流活动需要、发展目标相适应，同时要考虑能够形成技术和资源优势，以达到吸引客户的目的。

（2）完善物流服务作业体系。企业在锁定目标市场之后，要力图通过完善的服务作业体系吸引那一部分客户。企业应当建立相应的服务人员管理、服务质量保证和客户投诉处理等规章制度，规范服务作业流程，进行必要的培训以提升员工的整体素质。

2. 利用多样化的促销手段争取客户

企业只有与客户同步，并有效地反映出客户的“模式”，才能取得客户的认同。

当把物流服务视为产品的时候，对其进行形式多样的促销活动是非常必要的。对物流服务的促销应当明确产品的范围、促销的价值、持续的时间以及受益者。物流服务促销可以采取的手段有以下几种。

（1）广告。广告具有直观、宣传面广、渗透力强等优点，可以起到传达信息和说服顾客的作用。对于物流服务产品的广告宣传来说，企业应当做到以下几点。

①强调客户将会获得的利益而不是技术性的细节。

②以简洁、准确的表述，明确服务的内容、地点、质量和特色。

③把握承诺的适度性，避免客户产生过高的期望。

（2）人员推销。在物流服务产品的促销手段中，人员推销是经常被采用的方法。人员推销具有灵活、富有人情味和易于沟通等优点。在人员推销的过程中，应当注意以下几点。

①努力与客户建立和发展良好的个人关系。

②推销人员应当具备一定的专业知识。

③塑造并维持良好的个人形象和企业形象。

（3）公共关系。公共关系是由第三者进行的企业或产品的有利报告或展示的促销手段，传播的信息具有一定的新闻性，能够给顾客一种权威、公正、可靠的感觉，因而往往比较容易被相信和接受。企业应当重视通过这种方法来塑造企业形象和进行产品宣传。

开发物流服务新客户一定要根据企业自身的特点，运用营销学的原理，通过完善服务体系吸引客户与运用促销手段争取客户相结合的方法进行。

关键点提示

开发物流服务新客户的途径有以下两种：

1.利用完备的物流服务体系吸引客户；2.利用多样化的促销手段争取客户。

1.15　如何巩固物流服务客户

工作场景描述

当希望提高物流服务客户的忠诚度时，可查看。

解读与分析

巩固现有的客户，提高客户的忠诚度往往被许多企业所忽视。巩固客户是一项长期、复杂的任务，物流服务企业可以采用下面的方法巩固客户。

1. 提高员工的忠诚度

企业要想提高外部客户的忠诚度，首先要做的就是使自己的员工变得更加忠诚。只有忠诚的员工，才能为客户提供最有效率的服务，才能提高客户的满意度。要想让员工更加忠诚，企业就应当重视员工的需求，创造良好的环境，建设企业文化，让他们更加满意。

2. 塑造物流服务品牌

塑造服务品牌是物流服务企业扩大市场、实现发展的有效途径，对巩固客户具有战略性的意义。企业应当让客户充分理解品牌的含义，让他们确切地知道所选择品牌的价值以及对他们意味着什么。同时，运用有效的手段赋予品牌新的活力、维护品牌的地位、提高品牌的知名度。

3. 实施忠诚客户计划

忠诚客户计划是对重复购买特定产品或服务的消费者给予回报的计划，通过长期相互影响增加价值的关系，以确定、保持和增加来自最佳顾客的产出。当出现下面的情况时，企业有必要考虑实施忠诚客户计划。

（1）提供服务的企业增多，竞争加剧。

（2）销售额增长速度放慢。

（3）需求的多样化、个性化给企业带来了压力。

（4）宏观经济环境不景气，物价指数呈负增长。

忠诚客户计划应当在了解客户与产品之间的相互影响和客户价值的主要影响因素的前提下进行，可以采用的具体方法有折扣、赠送礼品、奖品等。

4. 开发新的物流服务产品

企业所提供的服务不可以是一成不变的，应当不断地进行调整：淘汰已经没有市场的产品，完善具有发展潜力的产品，开发客户需要的新产品。如果企业能够周期性地提供一项新的服务，不但可以为企业带来新的客户，还可以使现有的客户更加忠诚。巩固客户的关键就在于不断让客户满意。只有这样，才能够使企业在客户需要的时候首先被想起。

关键点提示

巩固物流服务客户的方法有以下四种：

1.提高员工的忠诚度；2.塑造物流服务品牌；3.实施忠诚客户计划；4.开发新的物流服务产品。

1.16　如何将 CRM 运用到物流服务客户管理中

工作场景描述

当希望运用CRM实现物流服务客户管理时，可查看。

解读与分析

客户关系管理（Customer Relationship Management，CRM）是企业以客户关系为重点，通过开展系统化的研究，不断改进与客户关系相关的全部业务流程，同时使用先进的技术优化管理，提高客户满意度和忠诚度，实现电子化、自动化运营目标，从而提高企业的效率和效益的过程。

客户关系管理是企业从“以产品为中心”模式向“以客户为中心”模式转变的产物，已经受到企业的广泛关注。物流服务企业可以按照以下程序实施CRM。

1. 明确实施的必要性

虽然CRM已经是一种潮流，但并不是每个企业都需要。企业应当根据自己的实际情况进行决策。

（1）对于产品单位价值较低、客户终身价值（CLV）低、规模小、业务流程简单、供应商不多以及下游客户明确的企业来说，应用CRM不但成本过高，而且效果可能并不显著。

（2）对于产品种类多、拥有众多贵宾客户、业务流程中需要处理大量信息、产品持续升级以及拥有雄厚资产的企业来说，CRM则是不可缺少的。

2. 审查实施基础

CRM是一种工具，要想让其发挥作用，必须有平台作为支撑。在实施CRM之前，企业应当对自己的管理水平、运作流程、员工的素质、客户数据库的管理、信息系统结构和客户信息的处理能力等基础条件进行全面的审查。

CRM的内涵包括：CRM是一种现代的经营管理理念；CRM包含的是一整套解决方

案；CRM意味着一套应用软件系统。

3. 制订实施目标

实施CRM是一项长期而复杂的系统工程，企业应当在认真研究和反复论证的基础上，制订出长期、中期和短期的阶段性目标。

4. 梳理业务流程

梳理业务流程是每一个准备实施CRM的企业必须要做的。企业应当着重从现有的营销、销售和客户服务体系进行业务流程分析，找出存在的问题，以便更有针对性地选择需要的技术。客户信息存储是实施CRM的先决条件。

5. 进行结构设计

CRM体系的结构包括客户支持平台、客户交互平台、企业生产平台以及信息技术支持系统。在进行结构设计时，企业应充分让CRM体系与企业原有的采购、库存和财务等管理系统相契合，从而实现各系统之间的无缝接口。

6. 全面实施

对于许多企业来说，实施CRM最困难的不是技术，而是来自企业内部方方面面的阻力。企业可以通过宣传沟通、技术培训等手段提高全体员工的认识，激励他们投入到变革中。

7. 绩效评价

在实施CRM的过程中，企业还应当适时地对实施进程和实施效果做出准确的评价，并利用评价结果进行纠偏。因此，完善的信息反馈系统就显得尤为重要。

物流服务企业实施CRM应当借鉴其他行业优秀企业的成功案例，但是不能生搬硬套，最好能够聘请有成功经验的专业咨询机构协助完成。

关键点提示

物流企业实施 CRM 的基本程序如下：

1.明确实施的必要性；2.审查实施基础；3.制订实施目标；4.梳理业务流程；5.进行结构设计；6.全面实施；7.绩效评价。

第2章

物流系统优化与建设常见问题

物流服务管理必须具备规划企业物流系统和设计物流中心的职能。不合理的物流系统可能导致物流服务水平下降、成本上升以及物流活动管理困难。如何规划完善的物流系统，是一个具有战略意义的问题。网络结构是物流系统运作的实体基础，整个物流系统的绩效表现不会超出网络结构所允许的范围。物流中心的建设需要投入大量的资金，而物流中心一旦建成，如果不能发挥其应有的作用，企业的损失将是无法弥补的。

2.1　如何进行物流系统规划

工作场景描述

当企业希望对物流系统进行规划时，可查看。

解读与分析

物流系统是指为达成物流目的而设计的相互作用的要素统一体。

从企业整体的角度进行物流系统规划，将物流活动从无序状态调整为有序状态，实现物流的合理化和效率化，提高物流服务水平，降低物流成本，是物流服务管理的重要职能。对物流系统进行规划时，必须做到以下两点。

1. 明确规划重点

企业物流系统包含多个相互关联又彼此独立的环节，其中每一个环节都要与其他的系统组成部分相协调。对于不同的企业来说，物流、系统规划的重点可能不尽相同，但是下面四个环节是企业必须给予足够重视的。

（1）物流网络规划。物流网络规划的核心目的是寻求成本最低或利润最高的需求分配方案。在对所有产品及原材料的移动过程及相关成本进行综合考虑后，根据分析结果确定构成物流网络的物流节点和线路。

（2）运输规划。在企业的物流成本中，运输成本占很大的比重，运输管理是受到广泛重视的环节。运输规划中包括运输方式的选择、运输路线以及运输批量的确定。

（3）库存管理。库存管理包括库存方式的选择、库存产品以及库存水平的确定。企业在库存管理中的决策会对物流网络规划和运输规划产生重要的影响，所以必须在进行系统规划时予以充分考虑。

（4）信息系统。信息技术和网络技术在物流领域的广泛应用已经成为提高物流效率、降低物流成本的有效手段，作为物流系统不可分割的组成部分，信息系统将越来越受到企业的关注。

2. 把握规划原则

在物流系统规划的过程中应当考虑以下几个原则。

（1）二律背反原理。二律背反（效益背反）是指一个部门的高成本会因为另一个部门成本的降低或效益的提高而抵消的这种相关活动之间的相互作用关系。

物流系统规划的核心就是要对各项相对独立的物流活动进行平衡，达到整体的最优。比如：运输成本可能随着仓库数目的增加而降低，而仓库数目的增加又可能导致库存水平的上升，库存水平的上升则会带来仓储成本的提高。这样的例子在整个物流系统中比比皆是。可以说，对物流系统的任何一个环节进行单独设计都是毫无意义的。因此，物流系统的规划必须从整体出发，降低总成本。

（2）推迟原则。推迟原则可以表述为：分拨过程中运输的时间和最终产品的加工时间应推迟到收到客户订单之后。企业可以采用贴标签、包装、组装和生产等方式应用这一思想，以避免在需求没有实际产生的情况下，根据预测运输产品。并不是所有的物流系统都可以采用推迟原则，要根据企业的产品特征来决定。

（3）差别服务原则。企业应当依据需求水平、产品特征以及客户要求，对不同的产品制订不同的服务水平，实现差别服务。采取同样水平的服务，虽然会简化管理，但可能会造成过高的分拨成本。

（4）合并运输原则。在企业的运输批量较小的情况下，将合并运输的思想运用到物流系统规划当中，会收到非常明显的效果。

（5）标准化原则。物流活动的完成是众多要素共同作用的结果。物流系统的设计应当实现物流设施、技术、信息和运作的标准化，通过标准化来实现各环节的有效衔接。

物流系统规划是一项十分复杂的工作，除了要把握以上基本原则外，还要根据企业的不同情况，运用科学的方法进行设计。同时，要在实践过程中不断总结经验、加以调整，使系统更加完善。

关键点提示

进行物流系统规划时必须做到以下两点：

1.明确规划重点；2.把握规划原则。

2.2　如何评价物流系统的合理性

工作场景描述

当希望对现有物流系统的合理性进行评价时，可查看。

解读与分析

在多数情况下，企业的物流系统早已存在，规划一个全新的物流系统的可能性比较小。最迫切的工作是发现现有物流系统中存在的问题，并找到完善系统的方法。

要评价物流系统的合理性，首先应当明确为什么要进行物流系统规划。构筑物流系统的目的可以简要概括为以下五个方面。

（1）将产品按照规定的时间、规定的数量送到客户手中。

（2）在获得令人满意的物流服务水平的同时，尽可能降低物流成本。

（3）尽力减少客户所需产品的订货断档。

（4）实现物流运作的合理化、省力化，提高作业效率。

（5）保证物流活动中的信息流通畅。

在明确以上目的后，企业可以从以下几个方面对物流系统的合理性进行评价。

1. 服务水平

物流服务水平能否满足需求、达到既定水平，是评价物流系统合理性时首先需要考虑的问题。虽然物流系统的规划是以一定的服务水平为前提的，但在实际运行中，系统往往因众多因素的影响而在较低或次优的水平上运行，所以表现出的服务水平也会与目标有一定的差距。

2. 总成本水平

总成本水平是评价物流系统的经济指标，用来考察在一定的物流服务水平下，物流成本是否为最低。由于物流活动的复杂性，导致物流成本核算有一定的难度，甚至有些已经发生的费用无法准确计量，比如物流。所以，进行成本核算时必须选择科学的方法，力争反映物流总成本的实际水平。

3. 物流系统层次

物流系统是有层次的，虽然层次的多少要依据企业物流运作的复杂程度而定，但各层级之间的关系都应当是明确的：各层级之间是上下级的关系，低一层系统的目标应当从高一层系统中得到优化；高一层系统为实现其目标而采取的措施或制订的标准就是低一层系统寻求最优目标的约束条件；物流系统中的某一层级系统和企业其他系统的相应层级之间应当是相互协调、相互配合的关系。

4. 物流系统结构

企业的物流系统应当有完整的结构，以支持产品在其整个生命周期中的物流服务需求。从这个角度来看，原材料采购、生产过程以及产品销售物流子系统是能够被企业重视的，而产品召回、返厂和回收等逆向物流子系统则是普遍被企业忽视的。

5. 物流系统反应速度

物流系统的反应速度关系到企业的物流服务需求能否得到及时的满足。可以说，企业库存和原材料储备的增加在很大程度上是由于物流系统的反应速度不够快。接近于理想的快速反应可以使所有的预测徒劳无益，这就足见合理的反应速度对评价物流系统的重要性。

6. 物流系统稳定性

一个完善的物流系统应当能够在一定的干扰下保持相对稳定的运转。这些干扰可能来自系统内部和系统外部的众多因素，比如配送途中的车辆故障、产品生产过程中时间被延迟、搬运操作不当造成产品破损以及自然界不可抗力对系统结构的破坏等。

企业从以上几个方面对现有的物流系统进行评价，可以较为准确、全面地反映物流系统的实际运作水平，发现物流系统中存在的问题，为进一步完善物流系统做好准备。

关键点提示

企业可以从以下几个方面进行物流系统合理性评价：

1.服务水平；2.总成本水平；3.物流系统层次；4.物流系统结构；5.物流系统反应速度；6.物流系统稳定性。

2.3　如何进行物流网络规划

工作场景描述

当需要对物流网络进行规划时，可查看。

解读与分析

物流系统规划的首要环节是对物流网络的规划。物流网络作为企业开展物流活动的基础，其规划程序的主要步骤如下。

1. 组建网络规划小组

物流网络的规划是一项复杂的系统工程，必须由专门的规划小组全面负责，开展工作。小组成员应当包括物流管理人员、生产人员、销售人员、财务人员和建筑师等，并需要企业的高层管理者负责协调工作。

规划小组的任务主要有：明确对企业生产过程的研究方法，明确产品需求分布情况的研究方法，明确原材料及产品流动的研究方法，明确企业物流成本的研究方法，选择物流网络结构的建模方法。

2. 调查物流服务水平

这项工作是要了解企业当前的服务水平、所期望达到的服务水平以及企业衡量服务水平的标准和方法。企业力争通过调查，确定服务水平与特定网络设计的成本和收益情况之间的关系。

3. 设定标杆

设定标杆在物流网络规划中起着重要的作用。标杆的设定应当能够真实地反映成本的产生过程、描述现有网络的运作模式以及各类产品的服务水平和服务政策。标杆并不代表企业实际发生的成本和实际的运营状况，它是根据具有代表性的产品组织汇总起来的一组数据基准。因此，对于二者之间的差别应当能够给予合理的解释。

4. 网络结构设计

网络结构设计是物流网络规划中的核心环节，在下一个技能点中有详细的介绍。

5. 运作设计

网络结构设计只是从整体上考虑物流系统的库存和运输问题。在进行物流网络规划的最后阶段，企业要根据确定的实用网络结构，结合企业的产品特征、需求情况、运力等条件，对产品的流通渠道和运输方案做出具体的设计。运作设计应当包括以下几个方面。

（1）各类产品在各层级储存点的库存量。

（2）联系各层级之间的运输方式。

（3）联系各层级之间的信息交流方式。

（4）各存储点的补货方式。

（5）运输、配送的路线及时间等。

6. 试运行阶段

运作设计结束后，规划好的网络就可以进行试运行了。在这一阶段，企业应当对网络的实际运行情况进行全面的审定，如果满意，新系统可以正式运营；否则，就要找出原因，并对物流网络进行重新规划。

关键点提示

进行物流网络规划的主要步骤有：

1.组建网络规划小组；2.调查物流服务水平；3.设定标杆；4.网络结构设计；5.运作设计；6.试运行阶段。

2.4　如何进行物流网络结构设计

工作场景描述

当进行物流网络结构设计时，可查看。

解读与分析

物流网络结构设计是指明确产品从供货点到需求点的流动结构，进而确定设施的种类、数量、位置以及如何实现各设施间的连接。为企业的产品提供优质的物流服务离不开物流网络的支持。物流网络结构设计可以按照以下步骤进行。

1. 信息采集

收集网络结构设计所需的信息，可以通过企业的财务报告、原始单据、统计报表等内部资源以及公开发布的各种信息、研究成果等企业外部资源两种渠道进行。

应当收集的信息包括企业的产品清单、客户清单以及需求状况、采购方式及成本、运输方式及成本、不同地点和不同产品的库存水平、现有设备及设施的能力限制等。

2. 信息分析

在采集必要的信息之后，还要对其进行整理、加工和分析，生成能够支持网络规划的有用数据。一般情况下，需要进行以下分析。

（1）产品分组。企业的产品种类可能有很多，可以按照订货批量和运输渠道划分为若干产品组。

（2）估计运输的费用。通常企业都会有完整的运营成本记录，因此比较容易得出企业自营运输和外包运输的单位成本。

（3）划分客户群。按照地理位置将企业的客户划分为有限的几个客户群，估算出到达客户群中心位置的运输里程和成本。

（4）库存分析。信息分析中一项重要的工作是找到网络规划对整个网络中库存水平的影响，根据客户群的需求情况找到网络节点库存与吞吐量之间的关系。

（5）估算设施的生产能力和成本。

（6）预测需求变化的影响。

信息采集和信息分析是整个物流网络结构设计的基础，必须给予足够的重视。

3. 构建网络结构模型

在进行详尽的信息分析之后，就可以选用适当的方法进行物流网络结构模型的构建了。常见的方法有以下几种。

（1）直观方法。在计算机时代，统计图表、制图技术和表格对比等直观方法虽然显得比较初级，但是运用这些数学分析水平相对较低的方法，可以将设计人员的经验、资金限制、政策限制和例外情况等难以量化的因素考虑到设计方案中，使分析更加全面，同样有可能做出令人满意的设计方案。

（2）启发式方法。启发式方法是一种不断逼近最优解的方法，它包含一种求解规则或计算程序，可以限制问题的可行解个数，通过对可行解的反复判别、修正，直至找到近似的满意解为止。启发式方法可以解决相当广泛的问题，对物流网络规划的方案设计是非常有用的。

（3）解析方法。解析方法首先要根据信息分析的结果和一整套特定的假设条件建立数学模型或图解模型，然后对模型进行求解，获得最优的布局方案。许多定性的运筹学模型和管理学模型都属于这种类型，包括线性规划、非线性规划、动态规划、整数规划以及微积分模型等。

解析方法可以保证获得精确的最优解，但是随着问题复杂程度和约束条件的增加，在合理的费用和时间成本内，找到符合实际情况的最优解往往是困难的。

（4）模拟方法。模拟方法要求设计者预先提供一定的网点组合，将与网络设计相关的成本和其他信息作为约束条件，运用计算机模拟技术反复进行多次实验，在给定的网点组合中进行比较，寻求满意解。这种方法比解析方法简单，但是决策的效果依赖于设计者预先给定的网点组合。

4. 确定实用设计方案

运用上述方法构建的物流网络结构模型是理想化的，不可能将所有影响因素作为约束条件考虑进去，通常情况下是不能够作为实施方案的。在得到初步设计的模型后，还必须结合实际情况，如交通、地质、劳动力等因素，以及预测的企业生产力情况和预计的网络使用年限对模型进行相应的调整，最终得到实用设计方案。

物流网络的结构是没有统一模式的，须根据企业产品的特征进行设计。

关键点提示

物流网络结构设计的步骤如下：

1.信息采集；2.信息分析；3.构建网络结构模型；4.确定实用设计方案。

2.5　如何进行物流中心选址

工作场景描述

当需要为新建或改建的物流中心选址时，可查看。

解读与分析

按照不同的理解，物流中心可以是配送中心、货物堆场、中转中心、加工中心和流通中心等。虽然物流网络结构设计的侧重点就是所有网络节点的选址问题，但是重新规划一个新的物流网络的情况是不常见的。更为常见的情况是在物流网络已经存在的前提下，企业为了提高物流活动效率，新增或改建一个或一部分物流中心。这就涉及物流中心的选址问题。

物流中心选址的程序和物流网络结构设计的程序基本相同，也包括信息采集、信息分析和方案选定等几个主要阶段。各阶段的具体要求和方法如下。

1. 基本条件分析

物流中心选址需要考虑的因素有很多，企业应当通过对客户分布、供应商分布、政策条件、交通条件、土地条件、人力资源条件、自然条件以及现有物流网络等情况进行分析，来缩小选址的范围。

2. 数据整理

通常采用的物流中心选址方法都是以成本最低或利润最大为目标函数进行建模的，因此，作为重要的前期准备工作，应当掌握的数据主要有以下几个。

（1）工厂与物流中心之间运输的产品数量和单位运费。

（2）物流中心与客户之间运输的产品数量和单位运费。

（3）物流中心的库存量。

（4）运输及配送线路的业务量。

（5）土地、设施、人工及其他费用。

另外，还应当将客户、供应商、企业现有物流网络节点的具体位置标注在地图上。

3. 选址方法

物流中心的选址可以分为单设施选址和多设施选址两类问题。

（1）单设施选址方法。单设施选址是指一个物流中心对应多个客户的选址。这类问题可以用精确重心法和重心法求解。

①精确重心法。该方法是基于物流中心的地点应当在可以使总运费最少的地方的原理，利用坐标和费用函数进行求解，方法如下。

将客户的位置（X_i，Y_i）及假设的物流中心位置（X_0，Y_0）标注在坐标图上。

$$\min(\mathrm{TC})=\sum_i A_i W_i d_i$$

式中，TC为总运费；A_i为物流中心到客户i的运输费率；W_i为物流中心到客户i的运量；d_i为物流中心到客户i的直线距离。

两点间距离的计算公式为：

$$d_i=\sqrt{(X_0-X_i)^2+(Y_0-Y_i)^2}$$

为求得总运费的最小值，将目标函数分别对X_0和Y_0求偏导数，并令其值等于零：

$$\frac{\partial \mathrm{TC}}{\partial X_0}=\sum_{i=1}^{n} A_i W_i (X_0-X_i)/d_i=0 \qquad (1)$$

$$\frac{\partial \mathrm{TC}}{\partial Y_0}=\sum_{i=1}^{n} A_i W_i (Y_0-Y_i)/d_i=0 \qquad (2)$$

由（1）（2）两方程求得最优解的表达式为：

$$X_0^* = \frac{\sum_{i=1}^{n} A_i W_i X_i / d_i}{\sum_{i=1}^{n} A_i W_i / d_i} \qquad Y_0^* = \frac{\sum_{i=1}^{n} A_i W_i Y_i / d_i}{\sum_{i=1}^{n} A_i W_i / d_i}$$

上面得到的物流中心最优地点的坐标值（X_0^*，Y_0^*）表达式中还有未知数，可以用迭代法继续求解，直到X_0^*和Y_0^*在连续迭代的过程中都不再发生变化，或变化很小，继续计算没有意义时，就可以确定物流中心的最优位置了。如果需要，还可以求出总运费的最小值。

②重心法。同精确重心法相比，重心法会简单许多。它是采用简单的实验工具，求得最优位置的方法。具体做法是：在平板上放一幅缩尺地图，标出客户所在的地点，在各点上分别穿一个孔；在一根定长度的细绳一端系上重锤，每个重锤的重量比按照客户需求量换算求得，并做好标记；将做好标记的重锤按照对应的客户分别穿入孔中，把细绳的另一端集中起来打一个结，同时在平板上对应的位置处画出记号；将绳结托起，然后让它做自由落体运动。这样重复做多次实验，把落点比较集中的地方作为物流中心的选址点。重心法是设施选址方法中既简单又实用的一种。

（2）多设施选址方法。多设施选址就是同时对多个物流中心进行选址，常用启发式方法并利用计算机作为辅助，现将其求解程序简要介绍如下。

①录入工厂位置、可以设置的n个物流中心的位置、运输费率、客户需求量、物流中心的费用函数和缺货损失等参数。

②在允许的范围内，确定n个可能设置物流中心的位置。

③在允许的范围内，对n个物流中心逐个扩建后，从系统角度全面计算费用的节约情况。

④舍去因固定费用超支，而不能创造利润的物流中心。

⑤对可以创造利润，但固定费用超支的物流中心，审查其是否在可设置的n个物流中心范围内。若在范围之内，则在利润最大处设置；若不在范围之内，则对可能设置的m个地点进行审核，重复步骤②～⑤，决定取舍。

⑥结合新确定的m个物流中心，对所有物流中心进行评估。

按照以上介绍的几种方法，无论是对单个物流中心进行选址，还是对多个物流中心同时进行选址，都必须根据实际情况、预测的需求情况和使用年限对所求得的位置进行修正。

关键点提示

进行物流中心选址时，企业应当做到以下三点：

1.进行全面的基本条件分析；2.按照模型要求进行数据整理；3.掌握选址方法。

2.6 如何进行配送中心内部设计

工作场景描述

当希望对配送中心的内部布局及设施构造进行设计时，可查看。

解读与分析

进行配送中心设计时，除了要满足装卸、分拣、流通加工和保管等配送功能要求之外，还要从进货场、检验场、保管场和发货场等配送中心内部设施与办公室、场地形状、道路状况等辅助设施的关联性角度进行全面考虑。配送中心内部设计可以依照以下步骤进行。

1. 分析货物特性

为了确定“以何种货物、多大的作业量为对象”，一般需要进行以下分析。

（1）将所处理货物的种类按出库、入库批次顺序和作业类型进行整理分类，确定不同种类货物的作业量。用横坐标P表示种类，纵坐标Q表示数量，按照处理量的大小顺序绘制成$P-Q$图。a区为品种少、批量大的货物；b区次之；c区为品种多、批量小的货物。

（2）对货物种类、数量的年增长量进行预测，确定流通加工、发货等作业的高峰系数。如果一年中只有几天的高峰期，就可以通过加班、招聘临时工和使用备用设备等方法应对，从而避免设计能力过剩。

2. 分析货物路线

按照全面分析的作业量和出入库等资料编制货物流动的流程。在配送中心，通常的做法，一种是先接收大批量、多品种的货物，检查核对各种货物的数量和质量，对照发货单等进行相应的作业；一种是在接受发货订单后立即进行分拣，按照每个需求者所订货物进行配货，按照配送方式的不同进行分类，然后发货配送。

3. 分析设施的关联性

进行配送中心设计时，设施的选用、布局及其评价项目等总称为关联性分析。

关联性分析不仅应研讨货物的流程，还应研讨票据的流程、作业管理和汽车出入装卸系统等，从不同角度进行合理性判断。在此以配送中心内部设施为例进行关联性分析。

（1）列举主要的设施。包括正门、办公室、进货场、验货场、发货场、保管场、流通加工场和特殊货场等。

（2）填写业务活动关联表。对上面列出的主要设施进行关联性分析（参见表2–1和表2–2）。

表2–1　业务活动关联表

类别	进货场	验货场	分类场	流通加工场	保管场	特殊货物	发货场	办公室
进货场	—	A	C	C	C	C	C	A
验货场	a	—	A	B	B	B	A	B
分类场	a	a	—	B	B	C	A	C
流通加工场	a	a	a	—	B	D	B	C
保管场	a	a	a	a	—	C	B	C

续表

类别	进货场	验货场	分类场	流通加工场	保管场	特殊货物	发货场	办公室
特殊货场	a	a	—	—	—	—	C	C
发货场	—	—	a	a	—	a	—	A
办公室	b	b	b	b	—	—	b	—

表2-2 记号含义表

记号	靠近性理由	记号	靠近性的重要程度
a	方便货物流程	A	非常重要
		B	重要
b	方便票据流程	C	普通
		D	不重要

（3）绘制关联线路图。根据前项评价，按照各设施位置之间的关联性进行设计。关联性非常重要的A用实线表示，关联性重要的B用虚线表示，形成设施设计的基本图形。在对其他流程和系统进行类似的关联性分析后，对上面得到的关联性图进行反复修改，直至得出最满意的设施关联方案。

4. 确定配送中心使用的设备

配送中心选用的设备会影响通道、停车场以及其他一些建筑上的问题，应依据货物的特征、作业能力、占地面积和价格等因素综合考虑，尤其需要注意设备的配套问题。例如，自动化立体仓库的码垛机和皮带传输机的出货能力应当匹配。

5. 确定设施的面积

设施的面积是按照作业量计算的。根据经验确定的单位面积作业量，保管设施（库存剩余货物量）为1t/㎡，处理货物的其他设施为0.2t/㎡。

6. 绘制设施布局方案图

将上面计算出的面积整理后，根据相互关系设计设施的位置，绘制成布局方案图。

配送中心的作业不可能像工厂的作业过程那样清晰地划分。按照上述设计程序绘制的布局方案图，还要详细考虑装卸搬运通道、空间储备、发展余地和经济条件等因素。

关键点提示

配送中心内部设计有以下六个步骤：

1.分析货物特性；2.分析货物路线；3.分析设施的关联性；4.确定配送中心使用的设备；5.确定设施的面积；6.绘制设施布局方案图。

2.7 如何进行配送中心的作业流程设计

工作场景描述

当希望对配送中心作业流程进行设计，改善作业绩效时，可查看。

解读与分析

作业流程是指从整体角度来看，配送中心在进行货物配送作业时所展现的工艺流程。合理的作业流程是提高配送中心效率的核心环节。作业流程的设计程序可以简单地分为以下两步。

1. 明确作业内容

配送中心一般的作业内容包括以下几点。

（1）接受并汇总订单。收集和汇总客户订单是配送中心组织、调度进货、理货和送货等活动的重要依据，是配送中心作业流程的开端。

（2）进货。进货流程包括订货、接货、验收、分拣和储存等作业。

（3）理货和配货。配送中心一般要依据订单要求对货物进行组合，包括加工、拣选、包装和配装等作业。

（4）出货。出货作业也是配送中心作业流程的一个重要环节，包括装车和送货两项活动，是配送中心的末端作业。

2. 明确作业流程类型

设计作业流程的依据是配送中心的种类和功能，典型的作业流程有以下几种。

（1）储存型配送中心的作业流程。这是最常见的一种形式，一般的配送中心都具有储存功能，这种配送中心适用于以中、小件杂货为主的商品配送。批量采购的商品储存在这里，各个工厂或店铺不再保有库存，根据生产和销售的需要，由配送中心及时组织配送。

（2）通过型配送中心的作业流程。在这种作业流程中，没有储存工序，商品暂存和配货作业是同时进行的。商品在这里停留的时间非常短，一般只有几个小时或半天时间。为了保证配货、送货工作的顺利开展，有时配送中心也暂存一部分货物，但一般不单独设置储货场。

（3）流通加工型配送中心的作业流程。在这种作业流程中，储存作业和加工作业居主导地位。流通加工多为品种单一、批量较大的产品加工作业，并且是按照客户的要求安排的，因此在流通加工型配送中心，一般不单独设立拣选、配货等工序。

不同类型的配送中心，其作业流程长短不一，内容各有侧重。而对于综合型配送中心的作业流程设计来说，可能会同时具有以上三种典型作业流程的特征。此外，不同产品的作业流程可能有独特之处，如燃料油配送就不存在配货、分放、配装工序，水泥及木材配送则多出一些流通加工的过程。

关键点提示

配送中心作业流程设计可分为以下两步：

1.明确作业内容；2.明确作业流程类型。

2.8 如何选择运输方式

工作场景描述

当需要选择运输方式时，可查看。

解读与分析

选择经济、合理的运输方式是开展物流运输服务的首要环节。运输方式的选择应当在准确把握各种现代运输方式的分类和特点的基础上，根据产品的特点、运输成本、质量和时效等方面综合权衡，做出决策。

1. 把握现代运输方式的特点

现代运输有五种基本的方式，即公路运输、铁路运输、水路运输、航空运输和管道运输。在此基础上，还衍生出多式联运的运输方式。各种运输方式的特点如下。

（1）公路运输。其优点主要有：机动灵活、运送速度快、货物损耗小、可以提供"门到门"服务、投资少和短距离运费较低。缺点主要有：运输能力小、能耗高、长途运输成本高。公路运输主要承担中、小批量货物的近距离运输，以及铁路和水路难以到达地区的长途大批量货运。

（2）铁路运输。它是陆地长距离运输的主要方式。其优点主要有：在运能力大、运行速度较快、通用性能好、受自然条件限制少、时间准确性较高、安全平稳和长距离运费低。缺点主要有：投资大、建设周期长、短距离运费高和灵活性差。铁路运输适用于在内陆地区运输的中长距离、大运量、时间可计划性强的一般货物。

（3）水路运输。主要有沿海、近海、远洋以及内河运输四种形式。运输能力大、运费低是水路运输的主要优点。其缺点主要有：受自然条件影响大、运输速度慢、安全性和准时性较差。水路运输的综合优势较为突出，适用于长距离、大批量、时间性不太强的各种大宗货物的运输。

（4）航空运输。其优点主要有：速度快、受地形因素影响小、时间效益好和对货物包装要求简单。缺点主要有：运输能力小、单位成本高、能耗大。适用于价值高、运费承担能力强的贵重货物或有紧急需求的物资。

（5）管道运输。它是利用管道输送气体、液体或粉末状固体的一种运输方式。其优点主要有：运量大、设施占地少、能耗小、安全可靠和费用低廉。缺点主要有：专用性强、投资大、无机动性。主要适用于石油、天然气等的运输。

（6）多式联运。它是使用同一运输凭证，由不同运输方式或不同运输企业通过有机衔接，利用各种运输手段的优势组织货物运输的一种形式。

多式联运的组合方法有很多种，其中最常用的是铁路运输和公路运输的组合（称为“驼背运输”）以及公路运输和水路运输的组合（称为“鱼背运输”）。多式联运可以充分发挥不同运输工具的优势，提高运输速度，节约成本。对于客户来说，还可以简化运输手续，方便、快捷。

2. 掌握选择运输方式的依据

选择运输方式时，应当依据货物的特性、批量、运输距离、时间要求和运输成本五个方面的影响因素，结合各种运输方式的特点进行。

（1）货物的特性。所选择的运输方式，首先必须满足货物自身特性的要求，应当根据货物的形状、体积、单件重量、货物对运价的承担能力以及货物在运输过程中有无其他特殊要求来选择运输方式。

（2）货物批量和运输距离。货物批量的大小和运输距离的长短对各种运输方式能否充分发挥其优势与效率有着重要的意义。

（3）运输的时间要求。运输的时间要求对选择运输方式所起的作用正变得日益显著。快速、准时的运输已经成为企业实现精益化和准时制（JIT）生产的有力支持，同时也是物流服务企业提升竞争力的有效手段。

（4）运输成本。不同的运输方式具有不同的成本结构。在运量、运距以及时间要求一定的情况下，可以根据运输方式的成本结构选择最合适的运输方式。

总的来说，运输方式的选择应当在满足物流服务总体要求的前提下，达到成本最低的目的。

关键点提示

选择运输方式的依据有：

1.货物的特性；2.货物批量和运输距离；3.运输的时间要求；4.运输成本。

2.9　如何实现运输服务合理化

工作场景描述

当企业希望避免运输服务中的不合理情况，使运输服务过程更加优化时，可查看。

解读与分析

合理的运输服务就是按照交通条件，以最少的里程、最小的运力、最快的速度、最低的成本和最少的环节为客户提供服务。

运输服务的合理化是企业降低物流成本、挖掘第三利润源的重要手段，也是物流服务管理人员的一项重要工作。运输服务合理化的目的是消灭运输过程中存在的不合理情况，提高运输效率，节约运输成本。不合理运输大多是由于运输路线选择不当或对运输作业缺乏统一的计划和安排造成的，其主要表现形式有对流运输、迂回运输、倒流运输、过远运输、重复运输、无效运输以及空载运输等。

要实现运输服务的合理化，可以从运输线路、运输环节、运输工具和运输费用等角度考虑。具体来讲，实现运输服务合理化的途径有以下几种。

1. 选择最佳的运输线路

最佳运输线路的选择是缩短运输里程、提高运输效率、降低运输成本的有效途径。科学地选择运输线路，需要运用许多运筹学和数学方法，通过后面技能点中的相关介绍，可以获得较为全面的理解。

2. 采用直达运输

直达运输就是把产品从起运地直接运到目的地，以减少中转仓储、搬运、装卸等中间环节和相关手续。

3. 采用“四就”直拨运输

“四就”直拨运输有就厂直拨、就站（车站、码头）直拨、就库直拨和就车（船）

过载四种形式。直拨运输一般距离较短、批量较小，需要注意协调各方关系，相互合作，使各方受益。

4. 采用合装整车运输

合装整车运输是指由物流企业将客户需要发运的零散货物集中起来，以整车发运的方式组织运输，到达合适的地点后，再对货物进行中转分运。

运输服务的合理化应当建立在科学管理的基础上，应用先进的科学技术和运输设备作为支持。在推行运输服务合理化的过程中，企业必须考虑服务水平、产品特征和包装形式等制约因素。

关键点提示

实现运输服务合理化的途径有以下四种：

1.选择最佳的运输线路；2.采用直达运输；3.采用“四就”直拨运输；4.采用合装整车运输。

2.10 如何确定最佳运输路线

工作场景描述

当希望确定最佳运输路线时，可查看。

解读与分析

选择最佳的运输路线是实现运输服务合理化的重要途径，也是开展运输服务时应尽的义务。通过选取最佳路线，可以有效地缩短运输时间，降低运输成本。确定运输路线可以简单地划分为起讫点不同的单一路线选择和多起讫点路线选择两种方法。

1. 起讫点不同的单一路线选择问题

图2-1中的V1~V8代表运输路线上需要到达的各个结点，直线上的数字代表两个结点

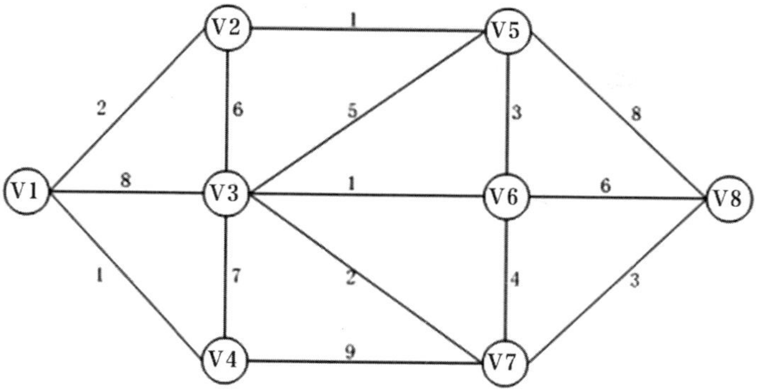

图 2-1　起讫点不同的单一路线选择

之间的距离。在实际工作中，根据客户的需求，可能到达途中的任意结点停靠，如何使运输路线距离最短、成本最低？起讫点不同的单一路线选择问题，也就是任意两点之间路线最短的问题，这样的问题有多种解法，目前使用较多的计算方法有迪杰斯特拉算法（Dijkstra算法）、弗洛伊德算法（Floyd算法）和SPFA算法等。

运输问题可以理解为：某种产品有若干产地和销地，要在已知各产地的产量、各销地的销量以及各产地到各销地的单位运价（或运输距离）的情况下，寻找使总运费最少（或总的运输距离最短）的调运方案。

2. 多起讫点路线选择问题

多起讫点路线选择问题通常被称为运输问题。这类问题通常发生在多个工厂或仓库同时服务多个客户的情况下。运输问题又可以划分为产销平衡的运输问题和产销不平衡的运输问题。其中产销不平衡的运输问题可以通过适当变换，转化为产销平衡的运输问题，用一种特殊的线形规划——运输问题单纯形法（表上作业法）进行求解。该方法的步骤如下。

（1）编制供需平衡表。在供需平衡表中，应当明确各产地的产量、各销地的销量以及各产地到各销地的单位运价（或运输距离）。

（2）初始基本可行方案的确定步骤。

①在供需平衡表中任选一个单元格，取产地产量和销地销量的最小值，满足该单元格的运量。

②根据上面确定的运量，在对应的产地和销地的总产量与总销量中减去该运量。

③若调整后的产地产量或销地销量为零，则划去相应的行或列。

④当供需平衡表中所有的行和列全部被划去时，则结束；否则，在剩下的供需平衡表中选择一个单元格，转步骤②。

在上面的方法中，单元格的选择方法没有限制，如果在每次调整后的供需平衡表中选取最左上角的单元格，则称为左上角法（或称西北角法）；如果在每次调整的供需表中选取单位运费最少的单元格，则称为最小费用法。

（3）最优性检验。最优性检验就是判断所得到的初始基本可行方案是不是最优方案。最优性检验有闭回路法和位势法两种方法。闭回路法的步骤如下。

①根据初始方案，以任意一个没有被分配运量的单元格为一个顶点，沿水平和竖直方向，组成一个以其他已分配运量的单元格为其余顶点的多边形，即闭回路。

②用闭回路上奇数次顶点单位运价之和减去偶数次顶点单位运价之和，计算出检验数。

③如果所有的检验数均大于或等于零，该方案已经是最优方案；否则，应当进行方案调整。

（4）方案调整。

①找到闭回路上偶数次顶点被分配运量的最小值。

②沿闭回路，对奇数次顶点单元格加上该最小值，偶数次顶点单元格减去该最小值，得到新方案。

③对新方案进行最优性检验。如果满足最优条件，则新方案为最优；否则，应继续进行方案调整，直到找到最优方案为止。

总之，确定运输路线是较为复杂的问题，尤其是当存在众多限制条件或运输网络结构过于复杂时，人工求解往往是不现实的，必须借助计算机寻求优化的方案。

关键点提示

选择运输路线的方法有以下两种：

1.最短路线算法；2.运输问题单纯形法（表上作业法）。

2.11　如何实施合理化配送服务

> **工作场景描述**
>
> 当企业希望实施合理化配送服务时，可查看。

解读与分析

配送服务是直接面向最终客户提供的物流服务，它需要将少量的货物在较短的时间内交付给众多的客户。合理化的配送服务能够提高整个物流服务的水平。

一些企业已经开始通过运用配送资源计划（DRP）来将合适的产品及时送达客户手中。配送资源计划是将物料资源计划（MRP）的相关技术运用到分销配送环节时，在配送的环境下，统一物料的配送需求的一种动态方法。

实施合理化配送服务主要有以下几个步骤。

1. 明确配送要求

实施合理化配送服务首先应当以订货合同为主要依据，明确客户订货的品种、数量、规格、交货方式、交货时间、交货人、交货地点以及有无其他特殊要求等信息。

2. 制订配送方案

在明确配送要求之后，应当根据交通状况、各配送点的运力以及库存情况，制订出配送方案，以保证客户的配送需求得到满足。配送方案的内容包括配送方式、配送线路、配送时刻表和运力调配计划等。如果就近的配送点库存货物无法满足客户需求，还应当制订货物调配计划或进货计划。

3. 下达配送方案

将制订好的配送方案下达给各配送点，使配送点按照方案准备配送。配送点应当按照配送方案的要求对库存情况及运力情况进行核查，确保有足够的货物和运力完成配送服务。否则，配送点应当组织进货，将配送方案中确定的到货时间、到货品种、规格和数量及时告知客户，以便客户组织接货。

4. 明确配送任务

配送点需要将配送方案细化，确定必要的作业流程，形成具体的配送任务并下达给运输、保管、分拣和财务等部门，由各部门进行配送的各项准备工作。

5. 发货

在对货物进行分拣、配送和包装等作业之后，根据客户订单为客户打印出货单据、标签、货物清单、出货批次报表以及包装标识和标志等。由调度人员决定车辆大小、数量和装车方式，并调派人员。

6. 送货

送货是配送服务的最后环节，应当按照计划的配送线路和交货时间将货物安全交给客户。在送货完成后，必须及时进行货款或费用的结算工作。

完整的配送服务几乎包括了物流的全部职能，是物流服务中作业最为复杂、牵涉部门最广的一项业务。因此，配送服务过程的合理化，对整个物流服务水平的提高有极为重要的意义。

关键点提示

实施合理化配送服务主要有以下几个步骤：

1.明确配送要求；2.制订配送方案；3.下达配送方案；4.明确配送任务；5.发货；6.送货。

2.12 如何确定合理配送路线

工作场景描述

当希望优化配送路线并制订合理的配送时刻表时，可查看。

解读与分析

车辆排程系统是通过对输入的交通状况、配送设施网络、客户信息和运力等数据的处理，可以自动生成配送区域划分、配送路线和配送时刻表等信息的系统。

在配送车辆送货后又需要取货，或者每个站点只允许在特定的时间到达等情况下，选择行车路线就变得更加困难。确定合理配送路线问题是选择运输路线问题的扩展，企业可以使用节约里程法或观察法找到令人满意的方案。

1. 节约里程法

节约里程法是一种处理能力较强也较为复杂的方法。它可以包含许多实际存在的重要约束条件，在获得行车路线的同时，还可以确定经过各站点的顺序。

节约里程法的目标是使所有配送车辆的总行驶距离最短，同时使得配送车辆的数目最少。该方法的基本原理如下。

用S表示配送中心，向位于A地和B地的两个客户配送货物。d_{SA}和d_{SB}分别表示S到A、B两地的距离。在使用两辆车分别为位于A地、B地的客户往返送货的情况下，总的行驶里程为：

$$L=2(d_{SA}+d_{SB})$$

若使用一辆车为两个客户巡回送货，则总行驶里程为：

$$L=d_{SA}+d_{AB}+d_{SB}$$

则节约的里程为：

$$\Delta L=d_{SA}+d_{SB}-d_{AB}$$

对每一对站点都进行这样的计算，并把节约里程最多的一对站点合并在一起。

按照上述原理，继续合并行车过程，在车辆装载能力的范围内，将单个站点按照节约距离最大的原则合并为包含多个站点的线路。

重复这一过程，直到所有站点的行车路线全部确定。这样，在确定了配送路线的同时，也确定了配送的顺序。运用节约里程法可以找到非常接近最优解的配送路线。

2. 观察法

在对配送路线的最优性要求不太严格或需要在很短的时间内确定配送路线的情况

下，可以运用一些基本原则，通过观察法直接在地图上找到较为合理的配送路线。观察法的基本原则如下。

（1）在站点较多的条件下，尽可能使用运输能力大的配送车辆为多个站点进行配送，这样可以减少总的行驶里程。

（2）避免时间窗口过短。时间窗口过短会给确定合理的配送路线造成很大的困难，最好能够通过协商的办法放宽该限制。

（3）每辆车的行车路线应当呈“水滴”状，避免出现行车路线的交叉，同时应当兼顾取货和送货的混合物流安排。

（4）从距离最远的配送点开始划分站点群，划分的站点群应当使一辆车能够负责相互靠近的几个站点的配送。

（5）对配送量小且相对孤立的站点，可以采用其他配送方式。

上面介绍的两种确定合理配送路线的方法都很有实用价值。确定合理配送路线是整个配送服务过程的重要环节，同时也是降低服务成本、提高配送服务水平的有效保障。

关键点提示

确定合理配送路线可以运用如下两种方法：

1.节约里程法；2.观察法。

2.13 如何构筑共同配送体系

工作场景描述

当希望通过构筑共同配送体系来提高物流效率时，可查看。

解读与分析

共同配送是实现配送服务合理化的一个重要手段。通过共同配送体系的构建，企业可以达到减少配送网点设施、减少配送车辆行驶里程、降低配送成本的目的，从而为缓解社会的交通压力、改善环境做出贡献。企业应当在条件允许的情况下，积极寻求合作伙伴，共同构建一套完备的共同配送体系。

共同配送体系的构建可以参考以下步骤进行。

1. 共同配送可行性研究

共同配送虽然有众多的优点，但是同样有可能给企业带来一些风险。在构筑共同配送体系之前，企业必须根据自身的特点，深入研究实行共同配送的可行性，做出准确的判断。可行性研究主要包括以下两点。

（1）确定可能构建的共同配送体系类型。共同配送体系有多种形式，按照主导企业的性质可以划分为以下几种。

①生产制造企业主导型。这种类型的共同配送体系是由相同产业或不同产业的生产制造企业，采用共建配送中心或相互承担配送任务的方式，实现产品的集中，提高配送效率的方式。对于企业来说，构建这种类型的共同配送体系可能会带来商业机密的泄露、配送成本分担不明确或企业物流系统缺乏独立性等风险。

②批发企业主导型。这种类型的共同配送体系是由大型批发企业或中小型批发企业组建的联盟，通过配送中心集中多数企业的产品，向一定地域范围内的零售店及便利店进行配送。

③大型零售企业主导型。这种类型的共同配送体系先是由大型零售企业建立自己的配送中心或由批发企业建立零售企业专用的配送中心，然后将所有供应商的产品全部集中起来，再通过配送中心向所有的连锁店进行配送。

④物流服务企业主导型。这种类型的共同配送体系是参与合作的生产制造企业或批发企业将产品交给物流服务企业负责，由物流服务企业组织产品的配送过程。

（2）挑选合作伙伴。企业在确定共同配送体系类型后，就应着手挑选可能的合作伙伴。由于构建共同配送体系会对企业的经营战略产生影响，因此，应当对合作伙伴的情况进行透彻的分析。分析的内容包括企业的商圈范围、产品特征、物流体系运行状况、物流服务水平和配送点分布情况等。

2. 确立运营主体

确立运营主体就是要与可能的合作伙伴进行充分的沟通，明确所构建的共同配送体系的组织形式和规章制度，实现各参与企业的思想统一和决策统一，从根本上保证共同配送体系的正常运营。运营主体通常有两种形式：一种是由参与企业共建一个专门的组织，负责整个系统的协调工作；另一种是由参与企业委托一家物流服务企业对所组建的共同配送体系进行管理。

3. 体系方案设计

成功的共同配送体系必须能够保证各合作企业的物流服务水平。系统方案设计的目的就是要通过对体系的运作进行规划，保证企业构建共同配送体系。系统方案设计的内容包括共同配送的信息系统设计、集配方式的确定、共同配送的作业流程设计、人员及岗位配置和系统运行的保障措施等。

4. 方案实施与评价

接下来，企业就可以筹措资金，成立相应的组织，进行共同配送体系的方案实施工作。合作企业应当始终注意协调各方面的关系，统一决策，遵守制订的规章制度。在实施的过程中，应当定期对系统运行状况做出评价，其评价内容主要包括以下三个方面。

（1）企业的服务水平是否达到要求。

（2）企业的配送成本是否得到降低。

（3）企业的商业机密是否被泄露。

总之，企业构建共同配送体系应当按照上述步骤，与各合作伙伴紧密配合、通力协作，从而使所有的参与企业都能从中获益。

关键点提示

构建共同配送体系可以按照以下四个步骤进行：

1.共同配送可行性研究；2.确立运营主体；3.体系方案设计；4.方案实施与评价。

2.14　如何降低配送成本

工作场景描述

当希望获得降低配送成本的有效途径时，可查看。

解读与分析

为客户提供高水平的配送服务有助于提高客户的满意度，增强企业在市场上的竞争力。然而，配送成本的居高不下却令每一位物流服务的管理人员深感苦恼。

企业必须在服务水平与配送成本之间做出平衡：或者在配送成本一定的条件下，尽量提高服务水平；或者在服务水平一定的条件下，寻求最低的配送成本。通常情况下，由于市场竞争的因素，企业的服务水平是既定的，也就是说，必须通过有效的措施控制配送成本。以下一些措施有助于企业降低配送成本。

1. 改进订单处理程序

企业的客户订单往往需要经过烦琐的处理程序。改进订单处理程序的目的是简化从订单准备、订单传输、订单录入到订单履行和订单跟踪等各个环节，实现订单处理过程的优化，从而缩短处理时间，降低处理费用。

改进订单处理程序必须在信息准确无误和单据正式可查的前提下进行，一方面可以给一线的操作人员适当的审核权，另一方面应当让企业内部相关部门共享订单信息。

2. 优化配送作业过程

配送作业成本是配送成本的主要组成部分，如果能够使配送作业过程得到优化，那么会对降低配送成本做出重大贡献。加强配送活动的计划性，选择最佳配送路线，提高车辆满载率，合理调配司机或配送人员等措施都可以使配送作业更加合理。

3. 采用混合策略

在企业产品品种较多、销售量不等、规格不一等情况下，可以考虑将一部分配送业务外包给物流服务企业完成。这样有助于企业降低配送过分综合化的复杂程度和管理难度，使企业有能力更好地完成配送业务，降低总的配送成本。

4. 采用合并策略

合并策略包含两种方式：一种是共同配送，另一种是配送方法上的合并。共同配送在前面的技能点中已经有较为详细的描述。配送方法上的合并是指装车时应当充分利用配送车辆的容积和载重量，做到满载满装。

5. 采用推迟策略

推迟策略的基本原则是将产品的组装、加工、配送等活动推迟到接到客户订单之后再确定。运用推迟策略可以解决由预测误差导致的库存过量或不足的问题，避免出现不必要的运输及配送成本。

总之，配送是一项复杂的活动，企业应当对成本发生的所有环节进行优化，这样才能在保证服务水平的前提下，降低配送成本。在配送活动中运用差别服务和标准化原理会对降低配送成本有所帮助。

关键点提示

有助于企业降低配送成本的措施有以下五项：

1.改进订单处理程序；2.优化配送作业过程；3.采用混合策略；4.采用合并策略；5.采用推迟策略。

2.15 如何进行电子商务环境下的配送服务

工作场景描述

当希望在电子商务环境下提供配送服务时，可查看。

解读与分析

电子商务是运用信息网络技术作为经营手段的经济活动，通过这种方式，人们可以对带有经济价值的产品和服务进行宣传、购买和结算。电子商务的迅猛发展改变了人们传统的商贸观念和形式，也给物流服务带来了新的挑战和机遇。作为电子商务网外主体的配送服务活动，是电子商务从虚拟到现实的重要保障，它可以提高电子商务的效率和效益，扩大电子商务的市场范围，实现基于电子商务的供应链集成。

1. 构建电子商务环境下的配送体系

在电子商务环境下，企业可以通过以下三种方式构建配送体系来保证电子商务活动的顺利开展。

（1）与传统商务活动共用配送体系。对于已经拥有一定规模配送体系的企业来说，开展电子商务活动首先应当考虑利用原有的配送体系来承担电子商务的配送活动。也就是说，要将电子商务的配送与传统商务的配送共同化。这样不但可以避免重复投资造成的浪费，还可以提高现有物流系统的利用率。

一些大型的制造企业和批发商、零售商在这方面是有优势的，他们需要做的就是对原有系统进行必要的调整、优化和完善，使其能够满足电子商务对物流服务的要求。

（2）自建配送体系。电子商务的网络接入供应商（ISP）和网络信息服务商（ICP）可以自己投资组建物流企业，建立完整的物流服务体系。

当然，这样做不但需要雄厚的资金作为保证，还会面临巨大的投资风险，而且由于信息服务和物流服务有着本质的区别，势必会削弱企业的核心竞争力。因此，必须慎重决策。

（3）采取外包方式。控制电子商务交易中的信息流、商流和资金流，而将物流活动外包给专业的物流服务企业，是许多开展电子商务的企业采取的一种有效模式。这样，企业可以充分利用社会资源，用专业的物流服务实现对电子商务交易的支持。

2. 实现符合电子商务要求的配送服务

从总的作业流程来看，电子商务环境下的配送服务和传统的配送服务没有太大的区别。电子商务对物流配送服务的影响主要体现在以下几个方面。

（1）快速反应的配送服务。在电子商务环境下，少批量、多批次的配送要求配送服务的提供者能够对上游和下游的配送需求快速做出反应。这种快速反应的要求，使得多数企业必须对配送活动的全过程，甚至是整个物流系统进行优化。

（2）系列化的配送服务。在电子商务环境下提供配送服务，除了传统的储存、运输、包装和流通加工等服务内容外，还必须提供更加丰富的增值服务，如货款回收与结算、培训、维护、设计或安装、咨询、24小时营业和代办业务等。这对配送服务人员的素质提出了更高的要求。

（3）低成本的配送服务。由于电子商务带来了小批量配送增多、需求预测困难、配送计划性差等问题，较之传统的配送服务，电子商务环境下的配送服务成本居高不下，因此，低成本的配送服务将给企业带来更大的优势。降低配送服务成本除了应该在配送作业过程上下功夫外，共同配送的运作方式也是很好的选择。

在企业与企业之间交易的电子市场上，也有为处理库存而进行的交易。在一般情况下，滞销的产品很难处理，但企业可以利用互联网的匿名性开展各种销售活动，从而减少产品的库存积压。

总之，电子商务的出现和发展给物流配送服务提出了许多新的要求，企业必须结合电子商务的特点，制订有效的配送服务方案，来保障电子商务的顺利进行。

关键点提示

企业进行电子商务环境下的配送服务时，应当做到以下几点：

1.构建合理的电子商务环境下的配送体系；2.能够提供快速反应的配送服务；3.能够提供系列化的配送服务；4.能够提供低成本的配送服务。

2.16 如何开发物流信息系统

工作场景描述

当需要开发物流信息系统时，可查看。

解读与分析

物流信息系统是指提供物流活动所需信息的一种有机整体，是对物流所需要的信息进行收集、加工、传递、存储和利用等的总和。

物流信息系统开发的总体要求包括：系统具有功能的完整性、运行的可靠性、使用的方便性和维护的简易性。具体来说，物流信息系统设计要求系统功能齐全、信息处理准确、装备优良、故障率低、易恢复、操作简单、人机界面清晰，并能够充分利用计算机资源，有效地节约时间，实现低消耗、高收益。

当采用不同的信息系统开发方法时，其具体程序是有差异的，但是大多可以分为系统规划、系统分析、系统设计、系统实施和系统运行五个阶段。

1. 系统规划阶段

这一阶段是信息系统开发的必要准备和总体部署，是在系统开发前进行的。其主要内容包括以下几个方面。

（1）企业内外部环境的调查。企业的外部环境主要包括行业状况、竞争对手情况、市场情况以及国家的相关法规、政策等；企业的内部环境主要包括企业的发展战略、组织机构、经济和技术实力、物流活动范围、业务流程和管理标准等。

（2）需求调查与分析。明确企业对物流信息系统的管理职能和管理方法需求，对信息处理的需求，对系统集成的需求。对物流系统的信息量、信息种类、信息处理流程、技术标准、现行系统的运行效果、企业建立信息系统的投入能力和适应能力及外部环境对企业的影响程度等进行分析。

（3）信息系统的规划方案。确定信息系统的目标、主要功能、结构、运行模式、系统间接口、运行环境要求、系统网络结构以及管理体制和组织机构与人员调整的设想等。同时进行系统投入概算、开发进度计划和开发人员需求计划等工作。

（4）总体方案的可行性分析。根据上面的分析结果，从技术、经济、组织和管理的角度对开发物流信息系统的可行性进行分析，并提交可行性分析报告。

（5）确定系统开发者。选择系统开发的合作单位，明确双方责任和权利，并签订开发合同。

物流信息系统的建立不可能一开始就十分完善，应当有一个逐步完善的过程，不可盲目求新、求全。

2. 系统分析阶段

系统分析阶段的主要工作是进行现行物流系统组织结构及业务功能分析，进行业务流程及数据流程分析，确定编码体系，确定系统逻辑模型。

3. 系统设计阶段

在这个阶段，需要进行系统的总体结构设计、代码设计、模块设计、数据库及数据文件设计、处理过程设计、系统通信和网络设计等。

4. 系统实施阶段

系统实施阶段的主要工作是进行信息系统程序的编制、设备的安装调试、相关人员培训以及系统的调试和转换。

5. 系统运行阶段

在完成系统实施阶段的工作并经过试运行后，新开发的物流信息系统就可以投入运行了。系统运行阶段的主要工作包括系统的日常维护和系统效果评价。

在物流信息系统开发过程中，每一阶段工作结束后都应当进行相关的审核和鉴定，及时发现问题和解决问题，确保开发出的系统能够满足物流活动需求。

关键点提示

信息系统开发主要有以下五个阶段：

1.系统规划阶段；2.系统分析阶段；3.系统设计阶段；4.系统实施阶段；5.系统运行阶段。

2.17 如何选择物流信息系统开发方法

工作场景描述

当需要确定物流信息系统开发方法时，可查看。

解读与分析

典型的物流信息系统包括决策支持系统、运输信息系统、库存信息系统、配送信息系统和订单处理系统等子系统。

物流信息系统的开发是一项复杂的系统工程，它涉及面广、耗资巨大，因此需要企业根据具体情况，确定合理的目标，选择适当的开发方法，从而为物流活动提供最有效的支持。目前，常用的物流信息系统开发方法有以下几种。

1. 生命周期法

生命周期法具有严密的理论基础，它将整个设计过程严格地划分为各个工作阶段，每个阶段又详细划分为具体的工作步骤，然后按照步骤一步一步地进行，后一步骤以前一步骤的工作成果为依据。每个步骤和阶段都有明确的编制文档要求，相关人员通过对各软件文档的关键步骤进行审核和阶段控制，实现工作的衔接。

生命周期法的特点是系统性和严密性较强，适用于大型的、结构复杂的物流信息系统的开发。企业在运用该方法时，应当特别注意开发初期需对企业中管理的薄弱环节和可能造成理解混乱的因素进行深入的调查和分析，以免开发人员对系统需求了解不全、分析不透，对系统的逻辑描述有偏差或不完整，开发出的系统功能不全，运行不可靠，导致整个系统开发失败。企业在开发复杂的物流信息系统时，可以把原型法与生命周期法有机地结合起来使用。

2. 结构化方法

结构化方法是对传统生命周期法的改进，它遵循“自上而下，逐步求精”的原则。相关人员首先从全局出发对系统进行分析设计，保证全局的正确，再逐步深入考虑和处理局部问题。

在具体实施过程中，则是采用从下向上的方法，即先进行模块的开发与调试，再将几个模块联调，最后进行整个系统的联调。结构化方法确定了简明的、易于导向的系统开发方式，是当前物流信息系统开发的主流方法。

结构化方法强调了面向用户的观点，认为用户是整个系统开发的出发点和归宿，用户的参与程度与满意度是衡量系统成功与否的关键。它同时强调要充分考虑系统外部环境、系统内部处理模式以及用户需求等可能发生的变化对系统设计的影响。

3. 原型法

原型法是同生命周期法截然不同的信息系统开发方法。它不是生命周期法那种按步骤进行严密调查分析的方法，而是一开始就由开发人员和用户共同确定系统的基本要求和主要功能，在软件开发环境的支持下，短时间内开发出初始模型系统，通过对初始模型系统进行反复评价、修改，使用户满意。

原型法有较强的灵活性，可以很好地适应环境变化，对企业管理工作的程序化、标准化以及稳定性的要求较低，适用于物流管理基础相对薄弱的企业进行规模较小、结构不太复杂的物流信息系统开发。

4. 面向对象法

面向对象法的目标是将分析、设计和实现一个系统的方法与认识一个系统的方法统一起来。它通过对问题空间进行自然分割，建立问题域模型，对客观实体进行结构模拟和行为模拟，以便使系统更加接近人类的思维方式，使系统尽可能直接描述现实世界。

采用面向对象法开发物流信息系统，它的各模块是独立存在的，具有良好的可重用性。当需求等因素发生变化时，大部分模块仍然是可以使用的，只需要改变其组装方式，就可以适应新的环境。

企业在选择开发物流信息系统的方法时，要将各种方法的特点和企业的情况结合起来，特别是开发大型、复杂以及限制条件多的物流信息系统时，必须慎重决策。

关键点提示

物流信息系统开发方法主要有以下四种：

1.生命周期法；2.结构化方法；3.原型法；4.面向对象法。

2.18 如何建立配送中心信息系统

工作场景描述

当企业希望建立配送中心信息系统时，可查看。

解读与分析

由于配送中心在整个物流网络中占有重要地位，配送中心信息系统也就成为物流信息系统的关键组成部分。企业建立配送中心信息系统时，应当以实现配送中心功能为目的。具体来说，通过建立信息系统，应当能够为配送中心的作业管理、信息查询、库存结构分析、盘点管理、储位管理、库存商品管理以及财务管理等提供有效的支持。

完善的配送中心信息系统应当包括销售出库管理、采购入库管理、库存管理、财务会计管理和经营绩效管理五个子系统。下面分别对各子系统进行简要介绍。

1. 销售出库管理子系统

销售出库管理子系统的作业内容包括从取得订单到将商品送交客户的全部过程的信息处理，并与其他系统进行需求统计数据、入库数据、经营数据、绩效考核数据、经营批示、入账数据和应收账款等数据的交换与传输。

销售出库管理子系统包括订单处理、销售分析与预测、拣货规划、包装与流通加工规划、派车计划、出货配送和应收账款等模块，它是配送中心信息系统的核心，也是配送中心完成其配送服务功能，实现配送合理化的有力保证。

2. 采购入库管理子系统

采购入库管理子系统负责处理与供应商联系的相关作业信息，完成采购订单、到货清单和验货报告等信息处理，并与库存管理和财务管理等子系统传递补货数据、应付账款等数据。

采购入库管理子系统包括采购管理模块和入库作业处理模块。其中采购管理模块包括采购预警、供应商管理、采购单据打印以及采购跟催四个子模块；入库作业处理模块包括预定入库数据处理和实际入库作业两个子模块。

3. 库存管理子系统

库存管理子系统主要完成库存量控制和规划，以避免因为库存水平过高而造成利润损失。它包括商品分类分级、订购批量及订购时点确定、库存跟踪管理和库存盘点作业四个模块，前三者只需读取现有的数据文件，如库存数据库、货位数据库、厂商报价数据库和采购批量计算公式数据库等。

4. 财务会计管理子系统

财务会计管理子系统由财务处理和人事工资管理两个模块组成，主要任务是完成配送中心的财务管理工作。系统依据商品入库数据核查供应商送来的催款数据，并据此付款；或者依据出货单制作应收账款、催款单，并收取账款。此外，财务会计管理子系统还可以制作各种财务报表、工资报表等。

5. 经营绩效管理子系统

经营绩效管理子系统包括配送资源计划、经营管理和绩效管理等模块。它从其他各子系统获取相关数据，并结合外来信息和环境因素制订各种经营政策，将政策内容和执行指令传达给各部门，同时对外提供配送中心的有关数据。

建立配送中心信息系统是一个庞大、复杂的系统工程，各子系统和模块的设计都有不同的具体要求，因此，在建立配送中心信息系统时，一定要以实现配送中心的功能为出发点，对其进行详尽、透彻的分析，从而保证信息系统的实用性。

关键点提示

完善的配送中心信息系统应当包括以下五个子系统：

1.销售出库管理子系统；2.采购入库管理子系统；3.库存管理子系统；4.财务会计管理子系统；5.经营绩效管理子系统。

2.19　如何进行运输信息管理

工作场景描述

当企业希望对运输服务过程中的信息进行有效管理时，可查看。

解读与分析

电子数据交换是指对商业或行政事务进行处理，按照一个公认的标准，形成结构化的事务处理或信息数据格式，是从计算机到计算机的数据传输方式。运输服务中的信息主要包括货物的品种、数量、交货时间和交货地点等货物信息，运输票据的相关信息，货物运输状态信息，车辆使用状况，道路信息，运输计划等。

1. 运输信息管理过程

运输信息管理涉及发货方、承运方和收货方，要进行成功的运输信息管理，必须在三方之间建立畅通的信息渠道，以保障信息的顺利流转。进行运输信息管理的主要过程如下。

（1）发货方接到订单后制订运输计划，同时将运输计划的有关信息发送给承运方和收货方，以便两者做好运输和接货准备。

（2）承运方在收到发货方的发货要求和运输计划后，编制出详细的发货计划，然后组织取货或进行分拣、配货、包装、集装和车辆调配等工作，将货物品种、数量、包装等信息传送给发货方进行确认，同时与收货方取得联系，确定有关货物接收的具体信息。

（3）承运方填制货物清单及其他运输票据后，进行运输活动。在运输过程中实行货物的跟踪管理，将货物交付收货方后，向发货方发送完成运送业务信息和运费请求信息。

（4）收货方在货物送达后，进行清点、核查与入库等工作，同时向发货方和承运方发出确认信息，并开出货物发票。

2. 实现运输信息管理的有效途径

企业对运输信息的有效管理是通过一些先进的运输信息系统和信息技术实现的，同时，只有通过它们对运输信息管理的支持，才能提供高水平的客户服务。

（1）电子数据交换（物流EDI）系统。电子数据交换系统一般是由用户接口模块、内部接口模块、报文生成及处理模块、格式转换模块、通信模块和联系模块等几部分组成的。它可以借助计算机处理各种单据和票证，并借助通信网络将这些单据和票证传递给对方，在物流信息管理领域有极广泛的应用。在运输信息管理中，收货方输入的订单信息利用EDI传送给发货方，后者把订单信息加工成运输计划，作为委托运输信息发送给承运方。在这个信息的基础上，承运方将运输完成信息和费用结算请求信息传送给发货方。在整个过程中，不需要重复输入数据，可以有效地节约时间，提高效率，并保证信息传输的准确性。

（2）车辆运行管理系统。常用的车辆运行管理系统有两种：一种是基于多通道存取MCA无线技术的车辆运行管理系统；另一种是基于通信卫星、全球定位系统技术和地理信息系统（GIS）技术的车辆运行管理系统。

基于MCA无线技术的车辆运行管理系统由无线信号发射接收控制部门、运输企业的计划调度室和运输车辆组成，可以实现计划调度室与运输车辆之间的双向通话。在接到客户运送货物的请求后，利用这一系统可以确定出最靠近客户或最适合客户的车辆以满足客户需求。但由于MCA系统信号发射功率的限制，这种车辆运行管理系统只能实现较小范围内的控制。

基于通信卫星、全球定位系统技术和地理信息系统（GIS）技术的车辆运行管理系统有更广泛的适用范围，可以实现全国甚至跨国范围内的运输信息管理。运输企业的计划调度中心发出的运输信息通过通信卫星传送给运行车辆后，车辆可以利用GIS找出到达目的地的最佳路线，并通过通信卫星将车辆位置、状况等信息传回企业的计划调度中心。这一系统具有抗干扰能力强、定位精度高和刷新速度快等优点，但其投资大、维持费用高。

（3）货物跟踪系统。货物跟踪系统是指物流运输企业利用物流条形码和EDI技术，及时获取有关货物运输状态的信息，提高物流运输服务水平的方法。在物流运输作业的各个环节，工作人员通过扫描仪自动读取货物包装或者货物发票上的物流条形码信息，再利用通信线路将货物信息集中到总部的中心计算机上进行整理。

利用货物跟踪系统可以随时对货物的状态进行查询，当出现没有按照规定时间交付货物的情况时，能够及时查明原因并制订相应的整改措施，从而提高货物运输的服务水平。

除了上述提到的一些信息系统和信息技术外，运输信息交流网络系统以及智能交通系统（ITS）在物流领域也被广泛应用，为运输信息管理提供了有力的支持。

关键点提示

运输信息管理的支持系统包括以下三种：

1.电子数据交换系统；2.车辆运行管理系统；3.货物跟踪系统。

2.20　如何进行订单处理

工作场景描述

当企业希望使订单处理更加有效，实现高水平的客户服务时，可查看。

解读与分析

电子订货系统（EOS）是利用计算机网络和终端设备，以在线连接方式进行企业间的订货和发货业务管理的系统。企业通过EOS可以及时准确地交换订货信息，同时提高库存管理水平。

订单是引发物流过程运转的信息，订单处理的速度与质量对整个物流运作过程的成本与效率有着直接的影响，准确、高效率的订单处理是实现高水平客户服务的重要手段。企业进行订单处理的全过程可以分为订单接受、订单录入、订单履行和订单状态跟踪四个阶段。

1. 订单接受阶段

订单传输的方式决定了企业接受订单信息所需要的时间。完成订单接受有两种基本方式：人工方式和电子方式。人工方式包括邮寄订单和销售人员将订单亲自送到录入地点。电话、卫星通信、互联网等技术的广泛应用使得订单接受的电子方式日益普遍，订单发送、订单传输的速度和准确性都较人工方式有了显著的提高。

2. 订单录入阶段

订单录入阶段的工作包括以下几部分。

（1）核查客户信用。

（2）核对订货信息（如商品名称、编号、数量和价格等）。

（3）设定订单编号。

（4）建立客户主档，录入客户的详细信息，包括客户的名称、地点、账户、订货条件、业务员资料、延迟订单的处理办法以及其他客户信息，以便确定客户价值，方便日后业务往来。

（5）检查商品的可获得性。在库存不能满足订货需求时，确定是否有替代品。

（6）必要时，准备补交货订单或取消订单的文件。

（7）开具账单、出库单等。

如果接受到的订单与要求的格式不符，还需要进行订单信息的转录工作。

3. 订单履行阶段

可以安排订单履行阶段的一些工作与订单录入阶段的工作同时进行，以缩短订单处理的时间。这一阶段的主要工作包括以下几点。

（1）通过拣选、配货或生产和采购来获得订单需求的商品。

（2）对商品进行搬运、包装、流通加工和集装等作业。

（3）安排送货。

（4）制备运输单证、票据等。

（5）确定订单的优先权。履行订单的先后次序是一个必须引起重视的问题，它会对个别订单的订货周期产生显著的影响。确定订单的优先权时，应当把握以下原则。

①优先处理高等级的客户订单。

②优先处理批量大、金额大的客户订单。

③优先处理相对简单的订单。

④优先处理承诺交货期最早的订单。

⑤优先处理信用状况良好的客户订单。

如果在接受订单后并不立即履行订单，而是采取推迟的策略以降低运输成本，则需要制订更加周详的订单处理计划与送货计划并进行妥善协调。

4. 订单状态跟踪阶段

订单状态跟踪阶段的主要目的是为客户提供高质量的增值服务，同时也有利于及时发现订单履行过程中出现的问题，并采取解决措施。这一阶段的主要工作就是对订单处理过程进行跟踪，并与客户交换交货时间、交货方式等信息。

订单处理的各项活动所耗费的时间在客户订货周期中占相当大的比重，企业应当借助现代的管理方法和先进的信息系统管理好订单处理过程中的各个环节，以提高物流服务绩效水平。

关键点提示

进行订单处理的全过程可以分为以下四个阶段：

1.订单接收阶段；2.订单录入阶段；3.订单履行阶段；4.订单状态跟踪阶段。

2.21　如何构建物流服务质量管理体系

工作场景描述

当企业希望全面实施物流服务质量管理，构建质量管理体系时，可查看。

解读与分析

全面质量管理是指围绕整个组织的、从供应商到顾客对质量的重视和管理活动。

物流服务的质量管理有两大基本职能，分别是质量保证和质量控制。质量保证是以“维护客户的利益，让客户满意”为目标，这也是物流服务质量管理的根本目标。而质量控制是以保证物流服务的全过程达到既定的质量标准为目标，是质量保证的基础。只有以健全的质量管理体系为依托，采用科学的管理方法，才能实现物流服务质量管理的两大基本职能。

按照全面质量管理的思想，企业物流服务质量管理体系应当具备以下要素。

1. 质量管理体系结构

质量管理体系结构是进行物流服务质量管理的基本框架。在这个框架中，应当明确质量管理的层级关系，各部门的目标、职责和权限等，通过组织结构的形式将管理过程中的各个环节、各种资源协调起来，使其相互配合、相互协调，成为一个完整的质量管理体系。

2. 质量政策

质量政策是企业进行物流服务管理的根本依据，应当为物流服务质量管理提供明确的宗旨和方向。质量政策应当明确企业物流服务水平、质量管理的方针和目标、质量保证措施、人力资源政策以及激励制度等内容，同时应当采取有效的措施，确保其被企业的全体员工所理解。

全面质量管理的目标表述起来很简单，就是要让客户满意。但是客户满意的程度是很难度量的，质量管理者必须根据客户的需求，并结合企业内部环境和外部环境，制订出一系列可识别的物流服务质量管理目标。同时应当将企业的质量管理目标层层细化，直至形成具体操作过程的质量管理规范。

3. 程序文件

物流服务质量管理的每一个环节都应当形成程序文件，程序文件既是对物流服务和质量管理过程的描述，又是进行质量保证和质量控制的依据。通过严格执行程序文件，可以使服务质量始终处于受控状态，降低各环节出现质量问题的可能性。程序文件没有固定的格式，应当根据企业的管理模式、企业开展物流活动的具体特征以及质量管理体系的结构形式制订。

4. 控制系统

由于环境的不确定性，计划的执行情况与期望目标总是会有差异。控制的过程就是使二者保持一致，确保期望目标实现的过程。设计的服务质量及其标准要通过测评和监控输出，确保实施情况和标准相吻合，当测评结果超出允许范围时，应立即分析原因并采取相应的措施。

5. 资源要素

构成物流服务质量管理体系的资源要素包括信息资源、人力资源和物质资源三部分。

（1）信息资源。以高质量服务著称的组织通常很善于把握客户的心理。物流服务质量管理应当有效地利用来自客户、员工以及社会公众的质量反馈信息，并对它们进行必要的分析，使之成为质量控制和改进的依据。

（2）人力资源。能否实施有效的质量管理，人的因素是具有决定性的。企业要充分发挥人力资源要素的作用，应当特别注意以下几个方面。

①必须发挥企业高层管理者的领导力，通过管理者的决策和实际行动来体现对质量管理的决心。

②员工的工作岗位，尤其是直接与客户接触的岗位。

③不断地向所有员工提供质量培训。

④要给员工充分的授权，鼓励他们参与质量管理并解决质量问题。

（3）物质资源。进行物流服务质量管理离不开服务工具、通信设备、信息系统以及其他基础设施和设备的支持。

好的管理就是要教会平凡的人做不平凡的工作，以上五个方面的要素是构建物流服务质量管理体系所必需的。企业应当充分认识到质量管理在物流服务管理中的重要性，并在政策、资金、技术和人员上给予大力支持。

关键点提示

物流服务质量管理体系应当具备以下五个要素：

1.质量管理体系结构；2.质量政策；3.程序文件；4.控制系统；5.资源要素。

2.22 如何评价物流服务质量管理体系

工作场景描述

当企业希望对物流服务质量管理体系的运行情况做出评价时，可查看。

解读与分析

一般来说，在质量管理方面有以下三种典型错误观点。

（1）认为质量就是检测。

（2）认为高质量的服务就意味着面面俱到和高代价。

（3）认为质量管理仅仅是某个部门的工作。

按照全面质量管理（TQM）的思想构建的物流服务质量管理体系是进行物流服务质量管理的基本保证，在实际运行过程中，应当充分发挥系统各组成要素的作用，随时对系统运行状况做出评价，以保证质量管理的全面实施。

企业物流服务质量管理体系的评价可以从以下几个方面进行。

1. 始终坚持让客户满意的目标

让客户满意不但是全面质量管理的目标，也是进行物流服务质量管理的指导思想。这就要求企业不仅要提供满足客户现有需要的物流服务，而且要不断开发新的服务项目以适应客户需求的变化。企业不仅要在物流服务设计和过程中为客户着想，而且要为客户提供良好的售后服务。

企业应当将客户视为最宝贵的财富，为客户提供参与企业质量管理的机会，充分重视客户的意见和建议。同时要在企业内部提倡本工序的质量问题一定要在本工序发现和解决的做法，为保证下一工序的质量创造条件。

2. 实现全过程的质量管理

企业所构建的物流服务质量管理体系应当能够实现全过程的质量管理。以配送服务为例，全面的质量管理不仅应当包括从接受订单开始到将货物送交客户进行费用结算的过程，以及对订单处理、拣选、配货、包装、流通加工、装车和配送等工序的质量管理，还必须包括对客户调查、方案设计、制订标准和信息反馈等辅助过程的质量管理。

3. 有全面的质量观念

全面的质量观念不仅要求重视物流服务提供过程中的质量保证和控制，还应当重视与之相关的所有工作的质量；各部门在为实现其个别的或局部的目标进行质量管理的同时，还要有从企业整体利益出发来实施控制的全局观念；不仅要求对已经发现的服务质量问题进行妥善处理，还要有分析原因、揭示联系、发现或预防潜在问题的能力和观念。

4. 重视全员参与

企业的物流服务活动是涉及各个部门，由各项工作组成的整体，因此从企业的负责人到与物流活动相关的具体操作人员、后勤人员都通过自己的工作直接或间接地影响着物流服务质量。开展质量管理工作应当在提高员工的基本素质和科技水平的基础上，强化他们的质量意识和责任感，形成全员参与的质量管理体系。

5. 以数据作为质量管理基础

对物流服务进行全面的质量管理建立在数据统计的基础上，企业应当尽量避免在分析和解决质量问题时凭直观、凭经验的做法。由于服务本身的特点决定了一些质量指标是很难或无法量化的，所以企业应当尽可能地设定必要的标准和绩效指标，并且通过从物流服务过程中收集到的数据进行质量管理。

6. 有科学的工作程序

按照全面质量管理的思想构建的物流服务质量管理体系应当具有科学的工作程序，即PDCA循环。PDCA分别代表计划（Plan）、实施（Do）、检查（Check）和处理（Action），四个环节不断地循环运转，每经历一个循环就解决一个主要问题，服务质量就提高一步。

质量不是检查出来的，而是设计和制造出来的。开展物流服务的质量管理工作，应当随时从上述六个方面对质量管理体系进行评价，发现不足，逐步改善，以保障企业的物流服务质量管理体系正常运行。

关键点提示

物流服务质量管理体系的评价可以从以下六个方面进行：

1.始终坚持让客户满意的目标；2.实现全过程的质量管理；3.有全面的质量观念；4.重视全员参与；5.以数据作为质量管理基础；6.有科学的工作程序。

2.23 如何运用科学方法进行物流服务质量管理

工作场景描述

当企业希望对物流服务质量进行科学有效的管理时，可查看。

解读与分析

企业要进行有效的质量管理，必须借助科学的工具。下面介绍的一些方法在制造业企业的生产质量管理当中已经被广泛应用，近年来又在服务业中逐渐被推广。

1. 控制图

控制图可以用图形来形象地反映质量随时间的变化情况，可以对多个连续时间阶段的质量变化情况做比较。由于这种方法非常直观，所以很容易确定质量变化的趋势，同时可以判断其是否处于稳定状态。

运用控制图首先应当通过收集数据，计算出控制图的中心线和允许波动的范围，确定控制图的上下控制界限，再将考察期间的实际绩效情况表示在图中相应的地方，然后进行分析。

2. 流程图

流程是一个或一系列连续有规律的行动，这些行动以确定的方式发生或执行，导致特定结果的出现。流程图可以直观地描述物流服务的全部环节，以及每个环节的具体工作步骤。一旦质量管理人员清楚了服务传递的基本过程，就可以很容易地确定出可能引发质量问题的关键点，这些关键点代表了整个服务链条的薄弱环节。知道哪些环节是容易出错的，是预防服务质量问题发生的第一步。绘制流程图时，应当使用一些标准符号来代表某些特定类型的活动，比如菱形框代表决策、矩形框代表具体活动等。但最为重要的是，流程图必须能够清楚地描述服务过程的顺序。

3. 排列图

排列图也称帕累托图，它是确定影响服务质量主要因素的一种有效方法。这种方法是以二八定律为基础的，也就是说，在影响服务质量的诸多因素中，各因素的影响程度是不同的，关键的少数因素对服务质量会产生巨大的影响。

在排列图中，横坐标表示影响服务质量的诸因素，按照其影响程度的大小从左向右排列；左边的纵坐标为用一定单位表示的影响程度，以每种因素影响的大小为高度，画出直方形；右边的纵坐标表示累计百分数。

根据图形反映的情况，找出少数几个（一般为一两项）关键因素，制订解决措施。在关键因素得到解决后，企业应当结合改进后的情况，对剩余的因素重新进行排列图分析，如此循序渐进、层层深入，使服务质量不断得到改进和提高。

4. 鱼刺图

鱼刺图也称因果分析图。它是一种寻找质量问题产生根源的有效工具，有助于说明各个影响因素之间的关系和相互作用。使用这一工具时，应当由管理者或质量管理小组发动群众、集思广益，采用头脑风暴法找出所有可能导致某一特定问题出现的原因，然后将这些原因归结为设备、人员、程序、客户和其他五个方面，并对每个方面进行主要原因和次要原因的分析，层层深入、寻根究底。在找出问题根源后，有针对性地采取措施，直到问题解决为止。

对于物流服务质量的管理者来说，上述几种科学方法是必备的。但是仅仅掌握方法还远远不够，管理者应当树立牢固的质量观念，根据具体情况有选择地将这些科学方法运用到质量管理工作当中，使它们成为管理工作的得力助手。

影响物流服务质量的因素通常有上文所提到的五个方面，企业应当具体问题具体分析，不应受到局限。

关键点提示

进行物流服务质量管理时，可以采用的科学方法有以下四种：

1.控制图；2.流程图；3.排列图；4.鱼刺图。

2.24 如何改进物流服务质量

工作场景描述

当希望改进物流服务质量时，可查看。

解读与分析

物流服务质量管理的一项重要内容就是对服务质量进行持续的改进，不断追求更高品质的服务，以提高客户的满意度，增强企业的市场竞争力。为了持续地进行物流服务质量的改进，企业应当做到以下几点。

1. 营造持续改进服务质量的良好环境

实现服务质量持续改进的首要前提是在企业内部营造良好的环境。企业要让员工通过学习和培训明确物流服务质量改进的目的和目标，要让他们理解现代质量管理的真正内涵，使他们知道服务质量是可以测量和评价的，是可以通过不断的学习、改进和创新而达到让客户满意标准的。同时，企业也应当建立良好的企业文化，对员工的需求给予充分的重视。领导要关心员工，与员工沟通，形成相互尊重、相互合作、融洽的工作氛围，要使追求更高品质的服务质量成为所有员工的“共同愿景”。

2. 设定服务质量标杆

竞争是促进企业不断提高服务质量的有效动力，任何企业都不能忽略竞争对手的影响。企业要把与行业中最有竞争力的佼佼者的横向对比作为明确服务质量改进战略、制订改进措施的重要依据，要分析他们在战略、经营管理、业务运作以及技术等方面的优势，并结合企业的实际情况设定质量改进的标杆，通过不断地比较和学习提高企业自身的质量管理水平。

3. 改善服务流程

业务流程是物流服务提供过程中各环节顺序和相互关系的真实写照，它涵盖了影响服务质量的绝大部分因素。改进服务质量应当实施有效的流程管理，不断对业务流程进行审查，对其进行反复的、系统的改善。

（1）流程管理的主要内容。

①建立流程负责制。完整的物流服务是由众多的流程构成的，质量管理者应当指派那些对流程的具体操作负有责任，并有权改变流程状况的个人或群体对每一个流程负责。

②定义流程。每一个流程都应当有明确的起点和终点，并且应当有确定的工作完成方式。

③设定控制点。控制点是对流程的阶段性确认或决策活动。控制点既是管理流程的手段，也是评估点。

④评价和信息反馈。

（2）流程再造。业务流程再造（BPR）是指在对企业流程进行分析的基础上，重新设计使之获得绩效上重大改善的活动。当局部的服务流程改善已经无法适应客户的需求时，就需要运用业务流程再造（BPR）的思想对物流服务流程进行重新设计。

实施BPR是一项战略性的系统工程，需要企业制订周详的计划，并运用运筹学、管理科学和信息技术等手段，按照科学的步骤进行。

4. 改进服务方法

要实现让客户满意的目标，不但要对物流服务的开发、设计以及作业等全过程进行质量控制和改进，还应当寻找好的服务方法。企业要通过倾听客户、员工、竞争对手以及社会公众的声音，来了解客户喜欢或习惯的服务方式和方法，并努力使之成为现实。

总之，物流服务的质量改进是一个循序渐进、永无终点的过程。在快速、多变和竞争激烈的市场中，所有忽视质量改进的企业都只会随着竞争对手的进步而失去更多的客户。

关键点提示

要想持续地进行物流服务质量的改进，企业应当做到以下四点：

1.营造持续改进服务质量的良好环境；2.设定服务质量标杆；3.改善服务流程；4.改进服务方法。

2.25 如何设计物流服务绩效评价体系

工作场景描述

当企业希望设计有效的物流服务绩效评价体系时，可查看。

解读与分析

准确、全面、及时的绩效评价是进行物流服务质量管理的基础，它能够有效地监督、控制和掌握企业物流服务的全过程，判断物流服务目标的可行性和完成情况，分析企业物流服务资源的利用情况和发展潜力，并为企业实施适当的激励机制提供必要依据。物流服务绩效评价体系应当具备以下基本要素。

1. 评价制度

企业应当建立科学的物流服务绩效评价制度，明确开展绩效评价工作的指导原则和目的，从根本上保证这项管理工作能够多层次、多渠道、全方位、连续地进行，保证评价结果的客观性和有效性。绩效评价制度应当明确管理人员在绩效评价工作中的责权范围，并有相应的奖惩措施。

2.评价主体

物流服务绩效评价的主体包括企业内部人员、客户、社会公众以及政府部门。企业内部人员可以实现对整个物流服务过程的绩效评价，是绩效评价工作的直接参与者；客户对企业物流服务绩效的判断是最真实的，更有利于发现服务过程中的薄弱环节；社会公众的作用主要体现在对企业信用的评价上，也可以在一定程度上反映企业的绩效水平。

对于物流企业来说，政府部门也是一个重要的绩效评价主体。通过政府部门对全行业企业的评价，企业可以更好地与其他企业的绩效水平进行比较，掌握企业在行业中的地位。

3. 评价指标

评价指标是对物流服务活动中关键控制因素的反映。绩效评价应当建立完善的立体评价指标体系，应当能够从不同层次、不同侧面反映物流服务绩效的总体水平。企业设计的每一个评价指标都应当有明确的目的，应当具有可操作性，并且是可以被理解和接受的。评价指标应当尽可能量化，对于那些无法计量的关键控制因素，可以采用定性描述的方法设立指标。

4. 评价标准

企业进行物流服务绩效评价时，有以下四个常用的评价标准。

（1）历史标准。历史标准是将某个指标当前的绩效水平同企业的历史同期或历史最高水平进行纵向比较，从而掌握其发展轨迹和发展趋势。通过分析，找出企业物流服务绩效水平变化的原因，为进一步控制和改进物流服务绩效奠定基础。

（2）计划标准。通过将企业所达到的绩效水平同计划目标进行比较，可以反映出计划目标的完成情况，为激励制度的实施提供依据。必要时，还可以根据绩效的实际水平对计划目标做出修订。

（3）竞争对手标准。将竞争对手的绩效水平作为绩效指标的评价标准，可以发现企业的优势和劣势，了解企业所处的市场地位，为企业制订战略目标和发展规划提供依据。

（4）客户标准。客户是物流服务最终结果的承受者，他们对企业物流服务的满意程度和评价可以用来衡量物流服务的绩效水平，同时也是企业改进和提高物流服务水平的重要依据。

5. 评价方法

设计绩效评价体系时，应当对各指标的具体评价方法做出说明，应当运用科学的评价方法，确保评价结果能够真实地反映企业的物流服务绩效。在绩效评价中，常用的方法有统计法、排列法、要素比较法和价值分析法等，每种方法都有其适用范围和优缺点，企业应当根据指标的不同特点选用合适的评价方法。

6. 绩效分析

必须对绩效评价的结果进行认真、细致、全面的分析，找到各控制因素之间的内在联系，从而对企业物流服务的现状和发展趋势做出分析与判断。分析的结果应当整理成结论性报告，为管理者进行决策提供依据。

以上六个基本要素构成了绩效评价体系的框架，它是开展物流服务绩效管理工作的基础。在实际运用中，企业应当通过学习和借鉴优秀企业的先进经验，运用科学方法，不断充实和完善这一体系，使绩效管理工作能够高效地进行。

关键点提示

物流服务绩效评价体系的基本要素有以下一个：

1.评价制度；2.评价主体；3.评价指标；4.评价标准；5.评价方法；6.绩效分析。

2.26 如何进行物流客户服务的绩效评价

工作场景描述

当希望对物流客户服务进行绩效评价时，可查看。

解读与分析

高质量的物流客户服务可以有效地提升客户价值、增加客户的满意程度，是巩固原有客户和开发新客户的基础。客户服务活动本身所固有的特性，决定了作为服务对象的客户总会或多或少地参与到服务过程中，这也增大了客户服务绩效评价的难度。

当对物流客户服务绩效进行全面的评价时，可以运用下面几个指标。

1. 客户满意度

客户满意度是经常被提及的一项评价指标，它反映了企业对客户满意程度的重视情况。客户满意度是一个概括的指标，虽然采用问卷调查、回访和座谈等方法可以获得客户满意与否的相关信息，但是它在绩效评价中的可操作性较差，不容易把握。在物流客户服务绩效评价的过程中，企业应当尽量将这一指标分解为众多的分指标，同时结合企业的市场份额、企业的形象、声誉和客户忠诚度等指标，力争从不同方面真实地反映客户的满意程度。

仅仅根据客户的满意度确定服务绩效是有风险的，因为满意度是相对于客户对服务质量的期望而言的。

2. 交易前要素评价指标

物流客户服务的组成要素可以分为交易前、交易中和交易后三大类，根据这些要素，可以构建出评价物流客户服务的各项指标。交易前要素评价指标包括以下几个。

（1）库存可得率。指企业及时满足客户需求的能力，当需求超过库存可得率时就会发生缺货。

（2）目标交付时间。指企业计划或承诺的产品交付时间。

（3）信息能力。指企业满足交易前客户咨询、运价谈判和培训等需求的能力。

3. 交易中要素评价指标

交易中要素评价指标是对物流服务提供过程中可能影响客户服务质量的关键环节的反映。具体包括以下几个环节。

（1）下订单的方便性。指客户通过多种方式进行订货的可能性和每种方式的方便程度。

（2）订单满足率。指一定时期内满足订单的数量与订单总数的比率。

（3）订货周期的一致性。指订货周期的波动情况。

（4）订货周期时间。指客户从下订单到接收货物、完成货款结算的实际时间。

（5）订单处理正确率。指一段时期内无差错的订单处理总数与订单总数的比率。

（6）订单跟踪。指对订单货物所处状态进行跟踪的能力。

（7）灵活性。指满足客户加急发货或延迟发货的可能性以及企业应付突发事件的能力。

（8）货损率。指在物流服务作业过程中，发生损坏或灭失的货物金额数与货物金额总数的比率。

4. 交易后要素评价指标

交易后要素评价指标是对物流服务作业活动结束后，一些可能影响客户服务质量的关键因素的反映。具体包括以下几个。

（1）票据的及时性。指回单、发票等票据的正确性和及时性。

（2）退货或调换率。指一定时期内退货或调换的货物总量与发送货物总量的比率。

（3）客户投诉率。指客户投诉的次数与总的服务次数的比率。

（4）客户投诉处理时间。指企业对客户投诉进行调查后采取补救措施，到满足客户要求的总时间。

企业在进行物流客户服务绩效评价时，应当结合自身的特点，对上述指标体系进行修改、完善，并根据评价结果找到与目标水平的差距，通过采取必要的纠正和改进措施，不断提高客户服务质量。

关键点提示

评价物流客户服务绩效水平时，可以运用以下四个指标：

1.客户满意度；2.交易前要素评价指标；3.交易中要素评价指标；4.交易后要素评价指标。

2.27　如何进行物流服务主要活动的绩效评价

工作场景描述

当希望对物流服务的运输、仓储和库存等主要活动进行绩效评价时，可查看。

解读与分析

对运输、仓储和库存等主要物流服务活动进行绩效评价时，可以采用下述指标。

1. 运输服务绩效评价指标

（1）平均运送时间。平均运送时间通常是指一段时间内货物从运输起点到运输终点的多次运输所消耗的平均时间。当涉及一种以上的运输方式时，应当按照门到门运送时间来衡量。

（2）运送时间的变化率。运送时间的变化率是评价运输服务不确定性的指标，指在各种运输方式下多次运输所消耗时间的波动情况，可以通过实际运送时间与平均运送时间的比较来衡量。

（3）货物损坏率。指一定时期内货损总金额与货运总金额的比率。

（4）装载效率。指车辆实际装载量与车辆装载能力的比率。

（5）运力利用率。指一定时期内实际运输量与总运输能力的比率。

（6）运输费用水平。指运输费用总额与货物价值总额的比率。

2. 仓储服务绩效评价指标

（1）货物完好率。它是评价仓储服务绩效的基本指标，其计算公式为：

$$\text{货物完好率}=\left(1-\frac{\text{一定时期货物损坏灭失金额}}{\text{该时期仓储货物总金额}}\right)\times 100\%$$

（2）仓库利用率，指仓库实际存储的货物数量或体积与仓库可存储货物数量或容积之间的比率。

（3）货物错发率，指一定时期内货物出现错发的总数量与该时期货物吞吐量之间的比率。

（4）货损货差赔偿率，指一定时期内由于货损货差赔偿的总金额与该时期业务收入总金额之间的比率。

（5）设备时间利用率，指一定时期内全部设备实际工作时数与设备总工作能力之间的比率。

（6）仓库吞吐能力实现率，指一定时期内仓库的实际货物吞吐量与仓库设计吞吐量之间的比率。

3. 库存服务绩效评价指标

（1）库存周转率。企业的库存周转率可以在一定程度上反映库存管理的水平，其计算公式为：

$$\text{库存周转率}=\frac{\text{一定时期内出库金额}}{\text{同期平均库存金额}}\times 100\%$$
$$=\frac{\text{一定时期内库存金额}\times 2}{\text{期初库存额}+\text{期末库存额}}\times 100\%$$

（2）库存结构合理性。它是反映企业库存产品或原材料的种类、数量是否合理的指标，其计算公式为：

$$\text{库存结构合理性}=\left(1-\frac{\text{长时间无需求的积压货物总额}}{\text{库存货物总额}}\right)\times 100\%$$

（3）供应计划实现率，指一定时期内实际供应货物总金额与计划供应金额之间的比率。

企业通过以上指标对物流服务的主要活动进行绩效评价，可以较为全面地反映企业实际达到的物流服务水平。

关键点提示

主要物流服务活动的绩效评价指标有以下三项：

1.运输服务绩效评价指标；2.仓储服务绩效评价指标；3.库存服务绩效评价指标。

2.28　如何进行物流服务企业的绩效评价

工作场景描述

当希望对物流服务企业的总体绩效进行评价时，可查看。

解读与分析

绩效评价已经被物流服务企业所重视，很多企业设计了比较科学的绩效评价体系，并将这项管理模式形成制度固定下来，它已成为及时了解企业的运营绩效、调整和改进企业运营计划的基础。

全面的物流服务企业绩效评价应当从企业内部评价和外部评价两方面进行。

1. 企业内部绩效评价

企业内部绩效评价是对企业运营状况以及资源、盈利能力等的基础性评价，是物流服务企业绩效评价的重点。它侧重于将企业现有绩效水平同历史或目标水平进行比较，从而为管理者进行决策提供依据。企业内部绩效评价的指标分为以下几个方面。

（1）成本。它是企业绩效最直接的反映。物流成本按照职能大体可以分为商品流通费、信息流通费和物流管理费。

①商品流通费。指为完成商品的实体流通而发生的各项费用。

②信息流通费。指收集、处理和传递有关物流活动的信息而发生的费用。

③物流管理费。指物流企业开展物流活动所进行的计划、组织、监督、调查和控制所需的费用。

企业通过有效的成本管理和对总成本构成情况的分析，不仅可以真实反映企业成本的发生情况，还可以反映企业的绩效水平。

（2）资产衡量。它主要反映为实现企业目标所投入的资本的使用和产出情况，可以采用下面六项指标。

①利润总额。指物流企业在一定时期内，组织物流活动过程中收支相抵后的余额。

它是评价物流企业绩效的基本指标。

②总资产报酬率。指物流企业在一定时期内，获得的报酬总额与平均资产总额的比率。它能够反映企业资本投入与产出的总体水平。

③净资产收益率。指物流企业在一定时期内，税后净利润与平均净资产的比率。它能够反映企业自有资本获得收益的能力。

④定额流动资金周转天数。指物流企业在一定时期内，定额流动资金周转一次所需要的时间，通常以天为单位。它反映了物流企业资金的利用效果。

⑤资产负债率。指物流企业在一定时期内，负债总额与资产总额的比率。它反映了企业的负债水平。

⑥营业增长率。指物流企业本年的营业收入总额与上年的营业收入总额的比率。它反映了企业的发展状况和发展潜力。

（3）客户服务。这一指标主要反映了物流企业满足客户需求的能力。

（4）作业衡量。它主要反映物流企业的生产率情况和作业效果，可用下面几项指标进行评价。

①全员劳动率。指物流企业在一定时期内，完成的物流业务总额与平均人员数的比率。它反映了企业人力资源的总体绩效水平。

②差错事故率。指物流企业在一定时期内，出现差错或事故的业务数与该时期内执行业务总数的比率。它反映了企业物流作业的总体质量水平。

2. 企业外部绩效评价

企业内部绩效评价主要集中在对企业作业情况和经营水平的监控上，而外部绩效评价则是要对企业的形象、信誉以及市场地位等情况做出评估。这对物流企业制订正确的发展战略，提高企业物流服务质量都是必不可少的。

企业外部绩效评价主要是通过收集和分析客户、政府和社会公众等评价主体的反馈信息来进行的。除此之外，企业也可以采用设定标杆，通过与先进的企业进行对比的办法来实现外部绩效评价。

绩效评价对物流企业的经营和发展是至关重要的，企业必须在经营活动中不断地总结经验，逐步设计出符合自身特点的绩效评价体系，并通过全面、真实的绩效评价推动企业的发展。

同企业内部绩效评价相比，企业外部绩效评价可以更好地反映企业的综合绩效水平，因此应当引起重视。

关键点提示

物流服务企业的绩效评价应当从以下两个方面进行：

1.企业内部绩效评价；2.企业外部绩效评价。

2.29　如何进行物流责任控制

工作场景描述

当企业想将成本任务落实到部门或个人，进行物流责任控制时，可查看。

解读与分析

责任控制在各类企业中应用广泛，也是物流成本控制的有力措施。企业控制物流责任的主要过程如下。

1. 合理划分物流责任中心

根据管理体制和经营管理的需要，企业可以划分若干物流责任中心，各物流责任中心对各自的物流成本负责，并明确各中心应承担的经济责任和拥有的经济权利。例如，运输部门负责运输费用，仓储部门负责仓储费用。

2. 确定物流责任目标

可控成本是指在特定时期内，特定责任中心能够直接控制其发生的成本。

把物流成本目标分解到每一个物流责任中心，确定其相应的责任目标，让各物流责任中心只对各自的可控成本负责。确定物流责任目标不仅明确了物流责任中心的工作任务，也为其提供了业绩考核标准。

3. 建立物流责任计算系统

为考核物流成本履行情况，物流经理需要建立一套完整的日常记录标准，计算和考核有关责任预算执行情况。物流经理借以评价和考核各有关物流责任中心的工作并及时反映存在的问题。

4. 建立内部协调制度

各物流责任中心都有自己的部门利益，为此往往需要建立监督与协调机制来规范各物流责任中心的运作。例如，运输部门的经理就不会认同为了降低库存成本而增加运输成本的观点，因为库存成本并不在他的预算绩效考核范围内，他的业绩是通过运输成本的高低来衡量的。

5. 定期编制物流业绩报告

责任报告是有关物流责任中心在一定期间内经营情况的集中反映，是物流责任中心预算执行结果的概括说明。定期编制物流业绩报告不仅能使各物流责任中心发现其存在的问题，还能最大限度地降低物流费用。

6. 考评物流工作业绩

物流工作业绩的考评也是物流责任控制的重要一环。对于只发生物流成本费用的物流责任中心，因其只对范围内的可控成本负责，所以它的考评指标是成本节约额和成本节约率；而对于除了发生物流成本费用外，还向企业内部其他部门或外部顾客收取服务费用的物流责任中心，其考评指标则是毛利和营业利润等。

物流成本涉及的范围广、内容多，物流责任控制既有利于将物流成本落到实处，又有利于物流成本的计算、控制和考核。

7. 内部协调制度

由于物流各项活动间存在“二律背反”关系，企业对各项物流活动的规划和控制要加以协调，具体可以参考以下三种内部协调制度。

（1）不同部门间就物流服务互相收费或转移成本。各部门在结算时，可以采用市场价格或以市场价格为基础的协调价格。

（2）建立某种形式的物流成本节约的分享机制。物流成本互相冲突的各物流责任中心将各自节约的费用集中在一起，按预先确定的分配比例制作一个清单，对节约的物流成本进行重新分配。

（3）设立物流协调委员会。委员会的成员必须来自各个重要的物流责任中心的管理部门。委员会通过交流来协调管理，制订协调方案。

关键点提示

物流责任成本控制过程包括以下七点：

1.合理划分物流责任中心；2.确定物流责任目标；3.建立物流责任计算系统；4.建立内部协调制度；5.定期编制物流业绩报告；6.考评物流工作业绩；7.内部协调制度。

第3章

货品仓储流通常见问题

仓储服务是以维持货物的价值为目的，在保证货物数量和质量的前提下，对货物进行的一系列管理活动。库存服务是以控制合理的库存货物数量为目的，在服务水平和库存成本之间做出平衡的管理活动。加强仓储与库存服务管理，对企业提高客户满意度、减少资金占用率和加速物资周转，以及实现整个物流服务系统的合理化有着极其重要的作用。

3.1　如何决定是否租用公共仓库

> **工作场景描述**
>
> 当选择自营仓库还是租用公共仓库时，可查看。

解读与分析

仓储服务管理的一项重要内容就是对自营仓库与租用公共仓库的选择进行决策，企业选择自营仓库或租用公共仓库各有利弊。企业在决策过程中需要考虑以下几个因素。

1. 成本因素

成本因素是企业在进行决策时首先要考虑的因素。

公共仓库一般是根据存储或处理的箱数或重量来收取费用的。所以，当企业的库存周转率足够大时，从长期来看，自营仓库的成本会比长期租用公共仓库低许多。

库存周转率是指一定时间内库存周转的速度，它可以用一定期间内出库金额与同一期间内平均库存金额的比值来表示。

租用公共仓库的优点是可以避免企业在建筑物、土地以及仓储设备等固定资产上的投资，减少资金占用，同时节省了维持仓库运转和雇佣人员的成本。如果企业规模较小、产品的市场占有率不高，却将有限的资金投到兴建仓储设施上，那么就会带来巨大的投资风险；而租用公共仓库则可以同其他企业共享公共仓库的规模效益。

在成本因素中还有一点是值得注意的，与自营仓库相比，租用公共仓库更有利于企业进行仓储成本的核算和控制。

2. 需求因素

自营仓库的规模决定了仓库的最大存储能力。如果企业产品的需求受季节影响而有较大的波动，那么在需求高峰，企业对仓储的需求会超出自有仓储的能力；相反，在需求低谷，企业自有仓储能力会得不到充分的利用，而造成浪费。

在这种情况下，许多企业采取自营仓库与租用公共仓库相结合的办法，即自营一些适度规模的仓库以满足正常需求水平时的存储要求，而在需求高峰时租用一部分公共仓库。

3. 对仓储活动的控制要求

由于产品或原材料的特殊性，企业必须对整个仓储活动的作业环节进行严格的控制，那么自营仓库就是比较好的选择。而公共仓库提供的服务通常是标准化的，往往无法达到企业高水平的控制要求。

此外，自营仓库有一种潜在的好处，有利于企业在客户心目中形成持久、稳定、可以信赖的良好形象。自营仓库会使企业更加容易控制整个物流系统。租用公共仓库可能会面临的一个问题是信息能否有效传接，因为一旦信息传接不畅，将会严重阻碍企业物流系统的正常运转。

4. 灵活性因素

企业投资兴建自营仓库，不但长期占用企业资金，而且从物流网络的角度来看，也限制了企业物流网点布局的灵活性。一旦仓库选址或设计规模与实际需求情况出现较大的偏差，就可能给企业带来巨大的损失。

相比之下，租用公共仓库不但可以应对企业改变经营地点或开拓新市场所带来的一系列问题，还可以作为企业规划或完善物流网络的一种实践检验方式。

企业在进行自营仓库与租用公共仓库的决策时，应当结合自身的特点，全面考虑以上四个方面的因素。

关键点提示

选择自营仓库与租用公共仓库时应当考虑的因素有以下四个：

1.成本因素；2.需求因素；3.对仓储活动的控制要求；4.灵活性因素。

3.2　如何进行货物的储位管理

工作场景描述

当希望使仓库中货物的储位管理更加有效时，可查看。

解读与分析

储位管理是为了能够时刻掌握货物数量和去向的变动情况，而对货物在仓库中的存储位置进行的管理。

有效的储位管理是物流仓储服务管理的重要内容，也为配送服务的顺利开展奠定了良好的基础。储位管理的目的是随时对货物进行跟踪，掌握货物数量和去向的变动情况，缩短找货时间和行走距离。进行有效的储位管理应当明确以下几个方面。

1. 储位管理的基本要求

（1）储位必须有明确的标示。应当对仓库或其他具有保管功能的物流中心的存储区进行合理的划分，并给每一个存储区以明确的编码。

（2）货物储位应当合理。为货物安排的储位应当是合理的。首先应当满足保管的要求，防止货物损坏、灭失和变质等；其次应当满足仓储作业的要求，做到有利于提高作业效率。

（3）变动情况必须及时登录。对所保管货物的数量及储位的变动情况必须及时进行登录，使实际情况与所掌握的信息能够完全吻合。

2. 不同存储区的特殊要求

按照作业方式的不同，企业可以将仓库或其他物流中心的存储区分为以下三种类型，每一类存储区对储位管理都有特殊要求。

（1）保管型存储区。这类存储区中的货物滞留时间较长，因此，企业可以通过有效的储位管理手段提高存储区的利用率。

（2）通过型存储区。货物在这种类型的存储区中只停留较短的时间，对货物进行的作业通常是分拣、包装或流通加工。所以，储位管理应当以满足缩短拣货时间和拣货距离、降低拣错率的要求为目的。通过型存储区的储位管理很容易被忽视，企业对此应当引起足够重视。

（3）移动型存储区。移动型存储区主要是指配送车辆上装载的货物。货物在配送车辆上的摆放顺序和方法会对配送服务的质量产生影响，特别是在共同配送或送货与取货混排的情况下，货物在车辆中的摆放顺序和位置是否合理，将直接关系到配送作业效率的高低。

3. 储位管理的原则

（1）先进先出原则。它是指先入库的货物应当先发货送出。它主要适用于保质期较短的货物，比如感光材料和食品等，以避免出现老化、变质和损耗等情况。

（2）面向通道原则。即为了使货物上的标志、名称等信息便于查找，方便对货物进行搬运和拣选等作业，应将货物面向通道放置。

（3）周转率对应原则。它是指按照货物的周转率来确定货物的储位，周转率越高的货物越应当靠近进出口。

（4）产品相关性原则。它是指应当把同一类型或具有互补性的相关货物安排在相互靠近的储位上。

（5）重量对应原则。它是指应当按照货物重量的不同决定其储位的高低。通常情况下，重的货物应当安排在货架的下层，轻的货物则应安排在货架的上层。

（6）形状对应原则。它是指应当考虑货物的外形及尺寸进行储位的安排。包装标准化的物品应当放置在货架上保管，非标准化的货物应当依据其形状，考虑整批数量分配特殊储位。

（7）产品特征原则。储位的分配必须考虑产品的特征，对危险品、化学品和易腐品应当隔离放置，以免对其他货物产生影响；对其他易受影响的货物，也应当采取相应的隔离措施。

（8）明确表示原则。它是指对货物的品种、数量以及存储位置做到清晰、准确的表示，以方便查找，提高作业效率。

总的来说，仓储服务的储位管理应当遵循以上原则，并结合不同类型存储区的特殊要求，做到标示明确、储位合理，并及时登录货物的变动情况。

关键点提示

进行有效的储位管理应当明确以下三点：

1.储位管理的基本要求；2.不同存储区的特殊要求；3.储位管理的原则。

3.3　如何实现配送中心作业合理化

工作场景描述

当希望对配送中心的各作业环节进行优化时，可查看。

解读与分析

配送中心各环节的作业是否合理，将直接关系到配送中心能否高效率地运行。企业配送中心的作业大体上可以分为进出货作业、分拣配货作业以及包装与流通加工作业。下面分别介绍它们的特点及优化途径。

1. 进出货作业

进货作业的主要内容包括订单核对、信息录入和验货等；出货作业主要包括出货检验、捆包和装车等。

优化进出货作业，首先应当考虑的是采用交叉作业方式。在条码扫描、自动传输装置和打印机等设备的支持下，可以实现配送中心在进货的同时，完成按照客户进行分货的作业。

此外，可以采用把检验作业交给供货方的方式，以免除配送中心的检验环节，或者利用POS系统简化检验作业过程，从而有效地缩短进出货作业时间，提高作业效率。

2. 分拣配货作业

分拣配货作业是按照订单或出货单的要求，从存储场选出货物，按照客户进行分组并放在指定地点的作业。

优化分拣配货作业应当尽量缩短找货、行走以及将货物取出的时间，排除无用的运动。优化分拣配货需要考虑以下几点。

（1）选择合理的拣选方法。按照作业的顺序不同，可以将货物拣选的方法分为两种，即播种式和摘果式。

①播种式。即将不同客户的订单集中起来，按品种做成拣选数量明细表，从货架上选取货物后，再按照客户需求进行配货。这种方式适用于客户数量多、需求的种类有限、需求量不大及货物体积较小的情况。如果作业量非常大，则可以由自动分拣机进行后续的分货作业。采用这种拣选方法，可以大幅度提高配货速度，尤其是当客户数量很多时，可以为企业大大减少劳动消耗。

②摘果式。即按照每一个客户的订单拣选货物，每次作业完成一个客户（或少数客户）的配货。这种方式主要适用于客户数量不多、每个客户需求的货物种类多、每种货物的需求量大或客户有加急需求的情况。采用摘果式拣选方法，容易保证配货的准确性，便于后续的检验、流通加工以及包装等工序的衔接，可以按照客户要求时间的不同，调整配货的先后次序，满足客户加急或追加订单的需要。

两种拣选方式适用于不同的情况，企业要根据多种因素综合考虑，选择最为适宜的方法，达到提高效率和降低成本的目的。

（2）加强储位管理。储位管理对缩短拣选作业的时间有重要的意义。最好是在分拣配货单上输入货位编码，再按照货位编码进行分拣。

（3）采用先进设备。在分拣配货作业量繁重的大型配送中心，在条件允许的情况下，可采用自动分货机、传动运输带和回转货架等先进的拣选设备，辅以完善的信息处理系统进行分拣配货作业。

3. 包装与流通加工作业

包装与流通加工作业的优化主要集中在设备的选用上。企业应当根据货物的主要特征，选择能够达到包装与流通加工目的的高效率设备，尽量减少搬运和处理环节。

总之，为了实现配送中心作业的合理化，企业不但要在作业的流程设计上下功夫，还要注重优化各个作业环节，使配送中心可以高效率、低成本地运转。

关键点提示

优化配送中心作业的途径有以下五种：

1.采用交叉作业的进出货作业方式；2.简化或免除检验环节；3.选择合理的拣选方法；4.加强储位管理；5.采用先进设备。

3.4　如何确定经济订货批量

工作场景描述

当企业需要确定经济订货批量时，可查看。

解读与分析

经济订货批量（EOQ）是由库存持有成本与订货成本所构成的总成本最小时的订货批量。

作为库存服务管理的重要内容，企业可以运用经济订货批量（EOQ）模型，寻求企业库存持有成本和订货成本的总成本最小化，制订出最佳的订货策略。

经济订货批量模型的假设条件有：订货提前期已知且固定不变；需求连续、稳定和已知；每次的订货量相同。

1. 基本的 EOQ 模型

在不考虑采购的数量折扣或运费折扣的情况下，基本的EOQ可以采用下面的公式进行计算：

$$\mathrm{EOQ}=\sqrt{\frac{2PD}{CF}}$$

式中，P为订货成本（元/次）；D为库存货物的年需求量或使用量（单位/年）；C为单位库存的平均成本（元/单位）；F为单位库存保管费用与单位库存采购成本的比率。

下面通过一个简单的例子对上面的公式做进一步解释。

某企业每年需要某种物资1000单位，每单位价值150元，每次的订货成本为520元，单位库存的年保管费用与采购成本的比率为15%。运用上面的公式可以计算出：

$$\mathrm{EOQ}=\sqrt{\frac{2\times1000\times520}{150\times15\%}}=214(\text{单位})$$

由于总成本位于曲线的最低点附近，曲线较为平坦，也就是说对于EOQ的微小变动，总成本变化并不敏感。那么，如果1000个单位的货物正好符合一个托盘的容量，就应该将EOQ设定为214单位。

2. 允许缺货的 EOQ 模型

在允许缺货的情况下，所确定的EOQ应当是在缺货成本、库存持有成本与订货成本所构成的总成本曲线的最低点，可以用下面的公式进行计算：

$$\mathrm{EOQ}=\sqrt{\frac{2PD(CF+S)}{CFS}}$$

式中，S为缺货成本；其他字母的含义与上面的公式相同。

3. 考虑折扣的 EOQ 模型

大批量的采购往往可以享受一定比例的数量折扣和运输折扣。通过对基本EOQ模型进行改进，可以将折扣的影响考虑到模型中。考虑折扣的EOQ模型需要进行复杂的数学推导，所以在实际运用中可以采用下面的简单方法作为替代。

这种方法的基本思想是对有折扣和无折扣两种情况的总成本进行比较，确定出使总成本最低的EOQ。其步骤如下。

（1）按照不享受折扣时所确定的EOQ计算出总成本。

（2）计算出享受折扣时的总成本。

（3）计算出在折扣价条件下的EOQ。

（4）比较两项总成本，确定EOQ。

运用上面三种模型，可以在不同情况下计算出经济订货批量，从而为企业的库存管理提供重要的依据。

关键点提示

确定经济订货批量有以下三种模型：

1.基本的EOQ模型；2.允许缺货的EOQ模型；3.考虑折扣的EOQ模型。

3.5　如何确定安全库存

工作场景描述

当企业需要确定安全库存时，可查看。

解读与分析

安全库存又称保险库存，是指为防止由于不确定因素（比如订货期间需求率增长、到货期延误等）引起的缺货而设置的一定数量的库存。

企业产品的市场需求情况和原材料的供给受许多不确定因素的影响，这给库存服务管理工作带来了许多困难。通常，企业可以采取设置一定安全库存的办法来应对可能出现的意外情况。

企业设置的安全库存水平是同希望达到的满足率紧密相关的。满足率表示缺货的大小。根据统计分析的结果，保证获得100%满足率所需要的库存水平是相当高的，企业必须为此付出高昂的成本。这就需要物流服务管理人员运用科学的方法，在允许存在一定缺货情况的基础上，确定出最佳的安全库存量。

安全库存量的计算是统计技术在物流领域中的应用，需要收集统计上有效的、最近的需求量和订货提前期样本，获得两项参数的均值和标准差作为计算的基础。在此，假定这些数据是已知的，同时假定需求量和订货提前期的变动情况服从正态分布（当获得的样本数据不服从正态分布时，可以参阅其他统计书做相应处理）。

1. 一般情况的安全库存量计算

在需求量和订货提前期都变化，并且二者的变化是相互独立的情况下，计算安全库存量的公式一般为：

$$SS=Z\sqrt{\sigma_D^2\overline{L}+\sigma_L^2\overline{D}^2}$$

式中，SS为一定满足率下的安全库存量；Z为一定满足率下的安全系数；$\overline{D}$ 为平均需求量；σ_D 为需求量的标准差；$\overline{L}$为平均订货提前期；σ_L 为订货期的标准差。

安全系数可以根据满足率通过正态分布表查出。常用的满足率与对应的安全系数见表3–1。

表3–1　常用的满足率与对应的安全系数

满足率	0.99	0.98	0.95	0.9	0.8
安全系数	2.33	2.05	1.65	1.29	0.84

下面举一个简单的例子。

某电子元件厂产品的日需求量均值为500箱，标准差为20箱/天，订货提前期的均值为3天，标准差为1天。需求量和订货提前期的变化均服从正态分布，且相互独立。求解确定该厂满足率为95%时的安全库存量。

将已知条件代入上面的公式，可以得到：

$$SS=1.65\times\sqrt{20^2\times3+500^2\times1^2}=827（箱）$$

也就是说，在给定的条件下，要满足95%的客户服务水平，应当设置827箱的安全库存量。

2. 两种特殊情况的安全库存量计算

一般情况的安全库存量的计算公式适用于需求量和订货提前期都变化的情况，当其中一个量不发生变化而另一个量的变化服从正态分布时，公式就可以相应地简化。

确定安全库存量还可以运用边际分析的办法，但必须掌握大量的经验数据。

（1）订货提前期固定，需求量变化的情况。这时的安全库存量计算公式为：

$$SS=Z\sigma_D\sqrt{\overline{L}}$$

（2）需求量固定，订货提前期变化的情况。这时的安全库存量计算公式为：

$$SS=Z\overline{D}\sigma_L$$

各符号的含义同前。

安全库存量的科学设定对降低企业库存成本有着重要的意义，企业的物流服务管理人员应当熟练掌握上面介绍的方法，并积极地运用到管理实践当中。

关键点提示

安全库存的计算方法有以下两种：

1.一般情况的安全库存量计算；2.两种特殊情况的安全库存量计算。

3.6　如何选择库存服务管理方式

工作场景描述

当希望确定库存服务管理方式时，可查看。

解读与分析

物流服务管理常用的库存服务管理方式有两种：定量订货管理方式和定期订货管理方式。在选择库存服务管理方式的时候，企业应当根据不同管理方式的特点，结合自身的实际情况进行决策。

1. 定量订货管理方式

定量订货管理方式就是当库存量降到一定水平（订货点）时，按照预先设定的经济订货批量（EOQ）进行订货的方式。如企业的经济订货批量为220个单位，由于货物的消费速度不同，库存水平分别在第10天、第20天和第33天下降到订货点处，企业开始组织订货，订购的数量等于经济订货批量。考虑到有5天的订货提前期，即在发出订单5天之内才能够保证到货，在这种情况下，企业在此期间就有可能动用安全库存。

定量订货管理方式每次订货的批量大小是固定的，而订货的时间间隔是随着平均消费速度的变化而变化的。由于订货时间和订货量不受人为判断的影响，企业采取这种管理方式不仅有助于保证库存管理的准确性，还能够经常控制库存水平，同时便于进货时库内作业活动的安排。定量订货方式主要适用于不便少量采购的低价值产品和通用性强且需求稳定的货物的库存服务管理。

2. 定期订货管理方式

定期订货管理方式又称定期盘点订货方式，与定量订货管理方式不同，它是指每隔一定的时间进行订货，订货时间固定，而订货量不固定。如企业在第15天、第30天、第45天，每间隔15天发出订单，每次的订货量要通过预测确定，即有必要在第15天预测从第20天到第35天的需求，在第30天预测从第35天到第50天的需求。

这种库存管理方式通常是通过对存货的定期盘点，对确定已经达到最低限额的货物种类进行补货，但定期订货管理方式不能使企业随时监控库存量，在整个订货间隔期内都可能发生缺货的情况。因此，管理的重点是确定合理的订货周期，而且运用这种管理方法所需要的安全库存往往比运用定量订货管理方式需要的还要多。

定期订货管理方式主要适用于需要进行严格库存管理的重要货物、需求变动具有周期性和需求量容易预测的货物。它有利于将需要采购的各种货物的订单集合起来，从而有可能获得采购的数量折扣，同时便于运用联合运输来降低成本。

通过上面的描述可以看出，这两种常用的库存管理方式各有优点和缺点，企业应当结合产品和原材料的特征以及对库存量的控制要求进行选择，同时企业应当注意制订合理的安全库存量，尽可能避免发生货物短缺的情况。

关键点提示

常用的库存服务管理方式有以下两种：

1.定量订货管理方式；2.定期订货管理方式。

3.7　如何实现零库存

工作场景描述

当企业希望实现零库存时，可查看。

解读与分析

零库存是一种特殊的库存概念，它是指企业以仓库形式储存的某种或某些物品的储存数量为零，即不保持库存。库存货物不但占用大量的资金，而且会引发许多相关的费用问题，比如仓库建设成本、管理费用、仓储作业费用、货物灭失的成本等。在这种情况下，许多人认为“库存就是浪费”，因而零库存成为许多企业追求的理想库存状态。

从社会角度来说，企业是不可能也不应该实现零库存的。零库存是在有充分的社会保障的前提下的一种特殊形式，企业可以通过以下途径实现零库存。

1. 采取货物的委托保管方式

委托保管在国外是一种比较常见的方式，是指企业通过委托营业仓库代存代管货物的方式实现零库存。这时，企业可以不再保有库存，由受托方提供高水平的专业库存服务管理，企业则按照一定的标准向受托方支付一定的费用，而货物的所有权并没有转移，仍然属于企业。这种方式主要是通过转移库存货物实现零库存，并不会减少库存总量。

2. 推行协作分包的经营方式

协作分包主要是处于供应链主导地位的大型生产制造企业实现零库存的方式。通常情况下，这种经营方式是由一家规模很大的主导企业和众多的小型分包企业组成牢固的协作体系，通过若干小型分包企业的柔性生产和准时供应，保证主导企业获得稳定、及时的原材料供应，使其减少库存总量，甚至取消安全库存，同时主导企业的集中销售库存又可以使分包销售企业的销售产品库存为零。

3. 实行准时制

如果企业可以获得准时供货并组织准时生产，自然不必保有库存。企业可以在供应和生产的各个环节，按照生产流程的逆方向，根据自己的生产节奏，由下一环节向上一环节提出供货要求，以此做到协调同步，实现供应的零库存。

4. 运用现代配送方式

配送中心具有集货的功能，它的库存可以被视为众多客户的集中库存，通过自身高水平的库存管理和“少批量、多批次”“即时配送”等现代的配送方式，能够按照客户的需求实现及时供应，使客户的库存水平降低或实现零库存。

以下为实现零库存的三个前提条件。

（1）配送作业之间必须有良好、稳定的协作关系。

（2）配送作业必须能够获得准时、有保障的供应。

（3）配送中心必须具备高水平的控制、协调能力。

实现零库存有着诸多的优点，但是也可能会遇到许多问题。对此，企业应当有清醒的认识，不能盲目追求零库存，必须结合企业的内外部环境慎重决策。

关键点提示

实现零库存的途径有以下四种：

1.采取货物的委托保管方式；2.推行协作分包的经营方式；3.实行准时制；4.运用现代配送方式。

3.8 如何改善库存服务管理水平

工作场景描述

当企业对现有的库存管理状况感到不满意，希望加以改善时，可查看。

解读与分析

库存服务管理的目标：提高企业的盈利能力；预测企业政策对库存水平的影响；实

现物流活动总成本的最小化。

库存是占用企业资金的重要因素，库存货物数量的多少直接影响着企业的盈利能力。库存服务管理主要是对货物库存数量进行控制，确定重要程度不同的货物的订货时间及订货量。改善库存服务管理水平时可以运用以下方法。

1.ABC 分析法

物流中心的POS系统使ABC分析法的数据收集和整理工作变得更加容易。企业的物流中心一般都有品种繁多的货物，每一种货物对企业收益的贡献程度是不同的。因此，必须运用科学的管理方法进行有侧重点的管理，才能收到良好的效果。

ABC分析法是“二八定律”在库存管理中的应用。ABC分析法的思想是找出“关键的少数和次要的多数”货物，并实行不同的管理方法。进行ABC分类管理的一般步骤如下。

（1）收集数据。在确定需要应用ABC分析法进行库存管理的货物范围后，就应当对货物的特征数据进行一段时期（通常需要半年或一年）的持续收集，数据的内容包括货物的种类、名称、单价、平均库存量以及平均库存时间等。

（2）整理数据。根据收集到的数据，经过统计分析，计算出货物的平均资金占用额。按照平均资金占用额多少的顺序列出库存货物种类，分别计算出每一种货物品种数的累计百分比和平均占用金额的累计百分比。

（3）货物分类。按照计算出的每一种货物数量的累计百分比和平均占用金额的累计百分比，将所有货物分成三类：A类是仅占货物品种数的5%～15%，占总平均占用金额的60%～80%的货物；B类是占货物品种数的20%～30%，占总平均占用金额的20%～30%的货物；其余为C类货物。

（4）绘制ABC分类图。以平均占用金额百分比为纵坐标、品种数百分比为横坐标绘制ABC分类图，以便更加清晰地表示出货物的分类情况和各类货物的重要程度。

（5）制订管理办法。运用ABC分析法的目的就是对货物进行有重点的库存管理。对于A类货物，应当进行严格的控制，尽量降低库存水平，同时应当精心保管，保证货物的质量；对于B类货物，应当进行较好的管理，可以维持一定的库存水平；而对于C类货物，则可以制订较高的安全库存水平，进行一般管理。

上面介绍的ABC分析法是通常情况下的标准模式，还可以结合实际情况，按照不同的目的进行多指标、多层次的ABC分析，以获得不同的分类结果。

2. 提高预测能力

提高企业对产品需求的预测能力，能够有效地改善库存服务管理水平。企业应当根据产品的特征，选择科学的预测方法，确定合理的预测期，从而提高预测的准确性。当然，预测不会没有误差，企业必须有应对预测误差的能力。

3. 改进订单处理系统

完善的订单处理系统可以减少信息传递的误差和意外的时间延误，有利于提高企业之间的协调能力，缩短订单处理需要的时间，从而缩短补货周期，并减小补货周期的变动程度。这样，企业通过改进订单处理系统，就可以降低安全库存水平，减少资金的占用，达到库存服务管理的目的。

企业可以根据自身的实际情况，运用上面提到的一种或多种办法，改善现有的库存服务管理。

关键点提示

改善库存服务管理水平时可以运用以下三种方法：

1.ABC分析法；2.提高预测能力；3.改进订单处理系统。

3.9 如何设计包装

工作场景描述

当企业需要进行包装设计时，可查看。

解读与分析

包装是指在流通过程中为了保护商品、方便运输和促进销售，按照一定的技术方法而采用的容器、材料及辅助物的总称，也指为了达到上述目的而采用容器、材料和辅助物的过程中施加一定的技术方法等的操作活动。

包装有营销和物流两种基本功能。在营销方面，包装是一名“无言的推销员”，它可以向顾客提供产品的相关信息，并通过外观、颜色等来宣传产品。在物流方面，包装可以起到组织、保护、识别产品或物料的作用，它是运输、配送和仓储等物流服务的重要环节。

物流服务的包装设计应当依据产品或物料的品质特征和性能特点，针对物流活动的需要，以满足保护功能为基础，在实用和节约的指导原则下进行。企业设计的包装应当满足以下要求。

1. 满足产品特性要求

不同的产品或物料由于种类、性质、状态以及功能作用的不同，对包装有着不同的要求。包装的设计首先应当考虑产品的特性，满足货物在物流作业过程中不被损坏、不变质、不滴漏的要求，防止异物混入和被污染，通过包装实现对产品或物料的保护。包装所用的材料也应当和产品的特性相适应，不至于影响产品的质量和使用寿命，包装材料的寿命应当和产品的自然寿命相匹配。

2. 具有足够的强度

在物流作业过程中，产品或物料的包装会直接受到冲击、碰撞、震动和挤压等外力作用，尤其是在装卸、搬运和运输的过程中，这些现象是不可避免的。这就要求包装的结构必须牢固可靠，要防止出现包装的严重变形和破损情况，保证货物不受破坏。

3. 满足物流作业要求

包装的设计必须考虑物流作业的要求，包装内货物的有关信息（如品名、数量、重量、保管要求和装运方法等）应当清楚地标明，以便于查找和识别。包装应当有合适的尺寸和重量，既要有利于提高作业效率，又要考虑机械和人力的作业能力。

4.满足标准化要求

包装形状式样应当规范化，外形尺寸应当符合模数，满足托盘、集装箱等容器和运输工具的要求，达到充分利用运输工具的空间、提高运输效率的目的。

5. 满足制作简单和低成本的要求

包装的制作、加工和拆卸过程不能过于复杂，要符合便于操作、方便使用的原则。企业应当选用合适的包装材料和包装方法，减少包装材料的消耗，尽可能地降低包装成本。

合理的包装设计不仅应当满足上述五个方面的要求，还要起到对产品或物料应有的保护作用，便于物流活动的开展。企业设计包装时，应当考虑是否能够将包装的营销功能和物流功能相统一。

关键点提示

包装设计应当满足以下五个要求：

1.满足产品特性要求；2.具有足够的强度；3.满足物流作业要求；4.满足标准化要求；5.满足制作简单和低成本的要求。

3.10 如何选择包装方法

工作场景描述

当需要对货物的包装方法进行选择时，可查看。

解读与分析

包装设计中的一个重要环节是选择适当的包装方法。选择包装方法的主要依据是产品或货物的特性，以及企业对包装成本的负担能力，同时，所选择的包装方法应当有利于提高物流作业效率。

1. 一般包装方法

通常情况下，包装可以按照形态分为逐个包装、内包装和外包装三种。逐个包装是交付用户的最小包装；内包装是将逐个包装的物品合并为两个或两个以上的较大单位，放进中等大小的容器中；外包装则主要是从运输作业的角度考虑进行的再包装。

成组包装是指将若干包装件或商品组合在一起，以形成一个适合运输的单元。托盘包装和集装箱包装是两种能够显著提高物流作业效率的成组化包装方法。托盘包装可以将平托盘和箱形托盘作为包装的主体，平托盘的四周是开放的，可以采用绳子、角柱、钢带或采用拉伸包装和收缩包装的方法将堆垛的货物固定起来；集装箱包装是将集装箱这种特殊的刚性容器作为包装主体，适用于大部分货物的包装与运输，能够与多种运输工具结合使用，具有安全、简便、节省等优点，已经被广泛使用。

2. 几种具有代表性的包装方法

（1）防震包装。防震包装是应用非常普遍的一种包装方法，它是为了防止在运输、保管、装卸以及堆码过程中，因震动、冲击而造成内装物品机械性损伤的一种保护性包装。采用防震包装时，通常是在内装物与外包装之间填入各种防震材料，以减缓外力冲击。对于某些贵重易损的物品，企业可以采用将物品用绳、带或弹簧等悬吊在坚固的外包装容器中的悬浮式防震包装方法。

（2）危险品包装。危险品可以分为易燃、易爆、有毒、有放射性和有腐蚀性等十余类。每类危险品都有特殊的包装要求，必须按照国家相关的包装标准和有关规定进行包装。同时，必须在包装上标明不同类别和性质的危险品标志，危险品标志应当按照国家标准《危险货物包装标志》（GB 190—2009）印制。

（3）防潮包装。对于有防潮要求的货物，必须使用防潮包装。防潮包装是一种为了防止物品在储运过程中因空气中的水蒸气而发生锈蚀、变质、潮解和凝结等现象的包装方法。通常是将物品用透湿度低的材料密封起来，如果货物有更高的防潮要求，企业还应当预先排除湿气或在包装中封入干燥剂。

（4）防锈包装。它是为防止被包装的金属制品发生锈蚀现象而采用的包装方法。典型的防锈包装方法是使用防锈油或气化性防锈剂，将金属表面与空气隔绝开，达到防止金属锈蚀的目的。其余的防锈包装方法包括可剥性塑料封存包装、干燥空气封存包装和茧式包装等。

（5）防虫包装。在包装中放入具有驱虫、灭虫作用的药物，或利用经过特殊处理的防虫包装材料进行包装，以防止虫害。采用这种包装方法时，企业应当尽量避免使有毒材料或药物直接接触货物。

总之，企业选择的包装方法，必须同时满足货物自身的特点和对包装的内在要求，并在可能的范围内降低包装成本。

关键点提示

企业可选择的包装方法有以下六种：

1.一般包装方法；2.防震包装法；3.危险品包装法；4.防潮包装法；5.防锈包装法；6.防虫包装法。

3.11 如何实现包装合理化

工作场景描述

当希望解决包装管理中的常见问题，实现包装合理化时，可查看。

解读与分析

包装强度不足、过度包装、材料不当、成本过高以及包装尺寸不标准是包装管理中常见的问题。随着新型包装技术和包装材料的不断出现，通过包装的合理化，可以使上述问题得到有效的解决。实现包装的合理化主要有以下几种途径。

1. 协调包装模数与物流模数

企业确定包装尺寸时，不但要考虑保护内装物品的要求，还要从物流系统的角度出发，使包装模数与物流基础模数统一起来，将实现整个物流活动的合理化作为包装合理化的目标。由于包装系统与物流系统具有不同的特点，因此必须以托盘和其他成组包装的容器作为媒介，使包装模数与物流模数协调起来，提高物流运作效率。

2. 采用机械化包装作业

企业采用机械化包装作业，可以提高包装作业效率，减轻人工包装作业强度，有利于确保和控制包装质量，降低包装成本。

3. 采用大型化和集装化包装

企业采用大型化和集装化包装的方式，有利于企业在物流活动中使用装卸机械，节省装卸和搬运的时间，提高物流全过程的速度。同时，采用大型化和集装化包装还可以减少单位包装，节约包装材料。

4. 采用轻薄化包装

在满足包装的强度、寿命以及成本要求的前提下，企业应当尽可能采用轻薄的包装材料，这样不但可以减轻货物的重量，还可以在一定程度上减少废弃物。

5. 实行标准化包装作业

标准化的包装作业，一方面要实现包装作业流程的标准化，另一方面要保证包装材料的种类、规格尽可能地单一，以满足标准化作业的要求，提高包装作业的效率。

6. 实现包装的循环利用

包装的循环利用是指包装物用完一次后转作他用或经过简单处理后转作他用。

包装的循环利用是降低包装成本非常有效的方法。包装中使用的大量瓦楞纸箱、木箱和塑料容器等通用包装要消耗大量的自然资源，企业应当循环多次使用，以达到节约自然资源、降低包装成本的目的。

7. 采用周转包装

如果企业的产品有固定的流通渠道和一定的数量规模，就可以采用周转包装。常见的周转包装形式是企业根据产品流通的速度、渠道和批量，确定一定数量的周转托盘。企业通过对其进行多次反复的利用来实现包装合理化，从而降低总的包装成本。

总之，包装合理化是包装管理中的重要内容，也是企业开展物流服务时必须重视的环节。

关键点提示

企业实现包装合理化的途径有以下七种：

1.协调包装模数与物流模数；2.采用机械化包装作业；3.采用大型化和集装化包装；4.采用轻薄化包装；5.实行标准化包装作业；6.实现包装的循环利用；7.采用周转包装。

3.12 如何进行流通加工服务管理

工作场景描述

当希望实施有效的流通加工服务管理时，可查看

解读与分析

流通加工服务是指在物品从生产地到使用地的过程中，为适应需要而施加的分割、计量、组装、配套和拴标签等简单作业的总称。

物流服务过程中的流通加工活动通常是在配送中心或流通加工中心完成的，它的形式虽然同生产制造活动中的加工环节相类似，但两者的目的却有本质的区别。流通加工服务是以强化流通阶段的保管功能、提高商品的附加价值、满足客户需求的多样性和提高物流活动的效率为目的。企业对流通加工服务的管理应当从以下几个方面着手。

1. 流通加工的计划管理

流通加工的计划管理主要有两个方面的内容。

（1）流通加工是对生产制造加工的补充，对于流通加工的计划管理，企业首先应当明确是否需要进行流通加工，需要哪种类型的流通加工。通常的流通加工服务有以下类型。

①为满足需求多样性的加工。这种类型的流通加工是指由物流服务企业承担一些对

产品或原材料的初级加工，以减少客户的加工环节。比如，企业按照客户的要求预先将平板玻璃切割成合适的尺寸后再进行配送。

②为提高物流效率的加工。对于一些本身不利于物流作业的物品，通过分割、液化、解体和冷冻等办法使之变成容易进行物流操作的形态，以提高物流作业的效率。比如大型设备和家具的解体，使之便于装卸和运输。

③为促进销售的加工。通过流通加工可以起到一定的促销作用。比如：将大包装货物分装成小包装货物，以满足消费者对不同包装规格的要求；将精选后的蔬菜、肉类洗净切块，以便为消费者节省时间，等等。

企业应当结合需求情况，综合考虑技术、设备和成本等因素，对开展流通加工服务的可行性进行必要的分析。

（2）提供流通加工服务的企业应当制订合理的加工计划。企业通过加工计划对整个加工活动进行组织、协调和控制。加工计划包括加工方式、种类、流程、时间、人员配备计划以及质量控制和成本预算等具体控制指标。

确定合理的流通加工能力是非常重要的，企业应当尽可能避免出现由于加工能力过剩或不足而产生的不必要的损失。

2. 流通加工的生产管理

不同类型流通加工的生产管理的侧重点是不同的，但基本上都会涉及劳动力、设备、动力、财务、物资和安全等方面的管理。从加工活动本身看，流通加工与生产制造活动中的加工是相同的，所以生产制造企业的一些有效的管理方法在这里同样适用。

3. 流通加工的质量管理

流通加工的质量管理是对加工产品的质量控制。在提供流通加工服务的过程中，企业应当全面控制影响产品质量的各种因素，制订相关的质量控制标准，建立严格的质量责任制度和质量检查体系，使流通加工产品质量符合客户要求。

4. 流通加工的费用管理

流通加工的费用包括设备费、材料费、人工费以及电力、燃料和油料等其他费用。由于流通加工的特殊性，其费用应当进行单独管理、单独核算，以便企业检查和分析流通加工费用的使用情况，确定流通加工的经济效益。

5. 流通加工的绩效管理

流通加工不同于生产制造活动中的加工，因而不能将生产企业的技术经济指标全部套用。企业在考核流通加工的绩效时，除了可以使用一些通用的指标，比如劳动生产率、成本利润率等，还应当运用能够反映流通加工特征的经济指标。这些指标包括：反映流通加工后单位产品的增值程度的增值指标；反映资源利用情况的出材率和利用率；反映产品规格品种情况的品种规格增加率等。

总之，同物流服务的其他内容相比，流通加工服务是具有特殊性的。企业在物流服务管理的过程中应当充分重视，提高流通加工的效率，进而保证完整物流活动的顺利进行。

关键点提示

流通加工服务管理应当从以下五个方面着手：

1.流通加工的计划管理；2.流通加工的生产管理；3.流通加工的质量管理；4.流通加工的费用管理；5.流通加工的绩效管理。

3.13 如何进行包装费用计算

工作场景描述

当想知道怎样计算包装费用时，可查看。

解读与分析

包装是物流活动之一。有些企业的包装物流费用占比很大，因此企业应对包装成本的计算予以重视。包装成本的计算包括以下几个方面。

1. 包装材料费

（1）购入材料成本确定。包装材料大多是外购的，外购材料成本按购买价款加上材料入库前发生的各种附带成本（如保险费、运输中的合理损耗等）计算。附带成本可能直接计入材料成本，也可能需要在购买的各种材料间分配后计入相应的材料成本。

（2）发出材料成本确定。由于企业购买的材料批次不同、单价不同，因此在发出材料时，企业应按不同的方法确定发出材料成本。例如，假设先买入的材料先发出，在确定发出材料成本时，用先购入材料的成本作为发出材料成本；或用1个月内购入材料的总成本除以购买的总数量得到平均单价，再用平均单价乘以当月发出的材料数量，从而确定当月发出材料的成本。

（3）包装材料的种类。包括金属包装材料、玻璃包装材料、木制包装材料、纸或纸板、塑料包装材料、草制包装材料、纤维包装材料、陶瓷包装材料和复合包装材料。

2. 包装技术费

包装技术费是指对一定的包装技术的设计实施所支出的费用。

（1）包装技术设计费用

①设计人员工资。包括设计人员的标准工资、奖金、津贴、补助、加班工资和特殊情况下支付的工资。设计人员工资应根据考勤记录和个人工资标准计算。

②设计用材料或产品成本。指为设计领用的材料成本。设计用材料成本与企业当期领用的材料（包装材料）成本相同，为试验领用的产品成本与企业计算的产品成本相同。

③其他与设计有关的费用以实际支出额计入设计费用。

（2）包装技术实施费用

①内包装材料费。常见的内包装材料有塑料泡沫、干燥剂、防潮纸等。内包装材料费在期末时按实际发生数计入设计费用。

②其他费用。指不属于内包装材料费的其他费用，如控制温度的电费、水费。其他费用按实际耗用数量和单价计算计入设计成本。

（3）包装技术的种类

包装技术包括缓冲包装技术、防潮包装技术、防锈包装技术、防虫鼠害包装技术、防霉包装技术、危险品包装技术、气体置换包装技术和真空包装技术等。

3. 包装机械费

包装机械费主要是包装机械的折旧费和维修费。折旧费受包装机械原值、折旧期限、净残值和计提折旧年限影响。包装机械的折旧费可以直接引用财务会计的相应数据计入包装成本。中小维修费用直接计入当期包装成本，大维修费用应分期计入包装成本。

包装机械的种类：填充包装机械类，包括装箱机械、装盒机械、装袋机械、灌装机械和填充机械；裹包和捆扎机械类，包括裹包机械、捆扎机械、封条与加标机械和封口机械；产品包装技术机械类，包括收缩包装机械、热成形包装机械和拉伸包装机械。

4. 包装人工费

包装人工费是指支付给所有包装工人和其他有关人员的工资总额。包装人工费根据工资和福利分配表中有关的部分计入包装成本。

关键点提示

包装成本的计算包括以下四个方面：

1.包装材料费；2.包装技术费；3.包装机械费；4.包装人工费。

3.14 如何通过包装设计降低包装成本

工作场景描述

当企业想通过包装设计来降低包装成本时，可查看。

解读与分析

包装设计对包装成本的高低起着决定性的作用，企业在进行包装设计时应考虑以下几方面的因素。

1. 产品设计

从产品设计初期，就应该考虑产品的包装要求对包装成本的影响。企业应尽可能利用现有的包装技术和包装设备，最好利用标准模数尺寸设计包装。

2.被包装物的形态、特性

被包装物可能是固体、液体或气体。设计包装时，企业应根据被包装物各自的特性，充分利用各种简易包装形式，甚至无包装物流，如散装水泥的管道运输。

3. 包装形态区别

在设计包装形态时，外包装、内包装和个体包装都应有明显的区别。设计外包装和内包装时，企业除了要设法降低形态本身所能降低的费用外，还必须考虑这种包装能否降低其他物流费用。

4. 包装材料经济性

包装材料成本占包装成本的比例最大。当同时存在多种包装材料可供选择时，在保证包装质量的基础上，企业应使用低价、轻薄的材料，以降低包装成本。

5. 防止包装过剩

企业应防止由于包装强度设计过高、包装材料选择过好、包装技术过高和体积过大而导致包装成本过高。例如，对价值低的商品允许有适度的破损率，在经济上仍是可行的。商品的价值和特点不同，包装设计也应有所不同。

6. 其他物流活动

包装只是物流活动的一个环节，在进行包装设计时，企业还应考虑包装对其他物流活动的影响，如集装单元容器多采用标准模数尺寸制作包装，使用集装箱和托盘都可降低总体物流成本。好的包装设计不仅可以为企业节约包装成本，还能对整个物流活动及营销战略发挥积极的作用。

适当包装是使其内装物品在物流过程中不受到任何损害的最低限度的包装。在JIS标准中，适当包装的意思是合理、恰当的包装。工业包装物在流通过程中，由于振动、冲击、压缩、水渍和温度、湿度等原因会产生破损，为了不降低其价值及破坏其状态，改正商业包装过大和过剩的问题，同时排除包装缺陷，在设计时考虑其保护性、安全性、容积、包装费和废弃物处理等的包装称为适当包装。

关键点提示

进行包装设计时需要考虑的因素包括以下六方面：

1.产品设计；2.被包装物的形态、特性；3.包装形态区别；4.包装材料经济性；5.防止包装过剩；6.其他物流活动。

3.15 如何通过优化包装作业降低包装成本

工作场景描述

当企业想通过优化包装作业来降低包装成本时，可查看。

解读与分析

企业要降低包装成本，不仅可以从包装设计入手，还可以在包装生产和包装作业等方面做一些改进。

1. 包装尺寸标准化

包装尺寸标准化能有效联结物流各作业环节，提高作业效率。此外，由于标准化，包装企业可以进行大批量生产，发挥规模经济效益，降低生产单位包装物的成本，从而降低产品的包装成本。

2. 包装作业机械化

包装作业机械化是指封箱、盖印、捆箱等与外包装有关的作业和对托盘货物进行薄膜包装的作业全部由机械进行。包装作业劳务费在包装成本中所占的比例仅次于材料费。机械化具有省力化、自动化的特点，可以大大提高劳动生产率，大幅度缩减工资费用，有利于减少包装费用。

3. 回收和利用旧包装

旧包装回收是指企业将使用过的商品容器和包装辅助材料，通过各种渠道和方式收集起来，由有关部门进行处理。旧包装利用，则是将回收上来的旧包装，经修复、改制再次进行使用的过程。旧包装物的回收使用可以相对节约包装材料，节约包装加工劳动，节约因包装而造成的能源、电力的损耗等。

4. 包装改造和创新

包装的改造和创新需要企业经常对包装材料进行市场调查，分析其性能和价格等，以便企业使用新的物美价廉的材料代替价高质次的材料；需要企业采用新的包装技术和设备以及更合理的包装工艺；需要企业利用价值分析法，从品质、使用、外观和耐用性等方面考虑，降低包装费用。利用价值分析法分析商品包装时，专业人员必须一步一步地对以下内容进行调查分析。

（1）必要性。进行必要性逐项检查，找出不必要的地方。

（2）效果。分析包装的各种功能是增强了，还是减弱了。

（3）成本与用途对比是否相称。

（4）物品本身的性能是否需要、适应。

（5）价格是否合理，能否降低。

（6）规格、尺寸是否恰当，是否符合标准。

（7）包装生产时是否经济。

（8）包装的安全性。

（9）成本的各项构成是否合理。

企业应对上述内容进行详细检查分析，以求达到最佳的经济效果。

近年来，人们越来越强调环保包装，即包装采用节约资源、用后可回收利用、焚烧时无毒害气体、填埋时少占耕地并能生物降解和分解的包装。

关键点提示

优化包装作业的措施包括以下四项：

1.包装尺寸标准化；2.包装作业机械化；3.回收和利用旧包装；4.包装改造和创新。

3.16 如何计算流通加工成本

工作场景描述

当计算流通加工成本时，可查看。

解读与分析

物流中心、配送中心甚至仓库有时也提供各种各样的流通加工服务，流通加工成本的计算对于企业而言是至关重要的。

1. 流通加工材料费用

流通加工材料费用是指流通加工过程中消耗的辅助材料、包装材料等的费用。

（1）流通加工材料费用的归集。

①数量确定。企业应根据“领料单”“限额领料单”“退料单”等原始凭证，连续、及时地记录材料消耗数量。

②价格确定。购入流通加工材料成本的计算与包装材料成本计算相同，也包括材料购买价款和材料入库前发生的各种附带成本。由于不同批次材料购进的单价不同，与包装材料类似，因此企业必须选择恰当的方法计算发出材料的价格。

（2）流通加工材料费用的分配。

企业按全部领料凭证汇总并编制“耗用材料汇总表”。企业将能直接分配至某一加工对象的材料成本直接计入该加工对象；否则，企业应选择合理、简便的分配标准分配计入各加工对象。

2. 流通加工人工费用

流通加工人工费用是指直接进行加工生产的工人的工资总额（包括计时工资、计件工资、奖金和补贴等）和按工资总额提取的职工福利费。

（1）流通加工人工费用的归集。企业根据“工资结算单”，按人员类别汇总编制“工资结算汇总表”和“职工福利费计算表”来计算人工费用。“工资结算单”应当依据职工工作卡片、考勤记录、工作量记录等原始凭证编制。

（2）流通加工人工费用的分配。计件工资形式的工资成本一般直接计入所加工的对象成本中。计时工资形式的工资成本，如果只加工一个对象，则计入该对象成本；如果加工多个对象，需要按加工工时分配计入各对象成本中。

3. 流通加工制造费用

流通加工制造费用是指为组织和管理流通加工发生的各项间接费用，如流通加工单位物业费、机器设备折旧费、修理费、水电费和办公费等。

（1）流通加工制造费用的归集。企业通过编制“折旧费用计算汇总表”得出各生产单位的折旧费，再依此得出流通加工部门的折旧费。修理费一般计入当月的成本中，当一次发生的费用数额较大时，可分期计入制造费用。其他费用一般按照会计期间编制制造费用预算，控制总额即可。

（2）流通加工制造费用的分配。流通加工制造费用的受益对象是当期进行加工的全部产品。如果只加工一个对象，则全部计入该对象成本；如果加工多个对象，可采用生产工时分配法、机器工时分配法等方法在各加工对象间进行分配。

4. 流通加工费用在完工产品和在产品之间的分配

就像生产过程一样，流通加工也存在完工产品和在产品。流通加工费用在它们之间的分配方法，与传统生产过程中生产成本在完工产品和在产品间的分配方法类似。流通加工成本的计算与产品生产成本的计算相似，只是内容、程序更简单而已。

流通加工具有多种形式，大致分为以下几种。

（1）以保存产品为目的的流通加工，如水产品的保鲜、保质加工等。

（2）为满足需求多样性的流通加工，如平板玻璃开片加工等。

（3）为提高物流效率、降低物流损失的流通加工，如气体的液化等。

（4）为实现配送的流通加工。

关键点提示

流通加工成本的计算包括以下四个方面：

1.流通加工材料费用；2.流通加工人工费用；3.流通加工制造费用；4.流通加工费用在完工产品和在产品之间的分配。

3.17 如何进行流通加工成本管理

工作场景描述

当企业想有效地进行流通加工成本管理时，可查看。

解读与分析

流通加工如同生产活动一样，需要企业对其进行管理。流通加工活动的管理水平越高，越有利于流通加工成本的降低。

1. 选择恰当的加工方式和加工深度

因流通加工成本受不同的加工方式和加工深度影响，企业应根据服务对象和服务需要，选择适当的加工方式和加工深度，并进行经济核算和可行性研究，合理确定加工费用的支出。

2. 均衡加工批量和数量

流通加工成本与加工批量和加工数量成正比，批量越大、数量越多，流通加工成本就越高。批量的均衡、数量的稳定，能使加工能力得到充分、有效的利用。加工能力不足和加工能力过剩，都将引起费用的增加。

3. 全面管理

流通加工就像生产作业一样，需要企业对劳动力和设备动力等进行全面管理。

（1）计划。涉及加工作业和技术经济方面的内容。企业可制订标准成本和目标成本等制度。

（2）组织。主要内容包括流通加工时间组织、空间组织和劳动组织。难点在于满足用户需求，按时、按量、按规格地以低成本同步作业。

（3）控制。表现为加工进度控制、成本控制和质量控制。

4. 单独核算

流通加工活动不同于其他物流活动，流通加工成本的形式和使用与运输成本存在很大的区别。为检查和分析流通加工费用的使用、支出情况，分析流通加工的经济效益，企业应对流通加工费用进行单独管理、单独核算。

5. 制订经济指标

对成为商品的产品进行流通加工只是生产过程的补充。为了更好地反映流通加工的经济效益，企业需要根据流通加工对象、流通加工方式等的特点，制订用于流通加工的经济指标。

流通加工作业管理对流通加工成本的降低起着重要的作用。与生产加工相比较，流通加工具有以下特点。

（1）流通加工对象是进入流通的商品，生产加工对象是最终产品。

（2）流通加工一般是简单加工，是对生产加工的一种辅助及补充。

（3）流通加工的目的在于完善使用价值，并在不做大改变的情况下提高价值。

（4）流通加工组织者是从事物流工作的人。

（5）流通加工是为促进消费而进行的加工，有时也以流通自身为目的。

关键点提示

流通加工成本的管理措施包括以下五项：

1.选择恰当的加工方式和加工深度；2.均衡加工批量和数量；3.全面管理；4.单独核算；5.制订经济指标。

3.18 如何优化流通加工作业流程

工作场景描述

当企业想优化包装或流通加工作业流程时，可查看。

解读与分析

同样的加工任务，当企业采用不同的加工作业流程时，将产生不同的生产效率和经济效益。优化作业流程，可缩短加工周期，节约加工费用，减少延期交货和违约损失，使物流成本降低。

优化流通加工作业流程的方法包括以下几种。

1. 最短加工时间法

最短加工时间法按所需加工时间的长短排列各加工任务，加工时间最短的排在最前，加工时间最长的排在最后，依此顺序进行加工。企业采用这一方法可使平均流程时间最短，滞留在制品平均数量最少，有利于减少流动资金的占用，减小厂房、仓库和加工作业面积，节约保管费用。但这种方法忽视了交货期，可能存在延期交货的问题。

2. 最早预定交货期法

最早预定交货期法按预定交货期的先后顺序对加工任务进行排序，交货期最早的排在最前加工，交货期最晚的排在最后加工。这种方法减少了延期交货现象，减少了违约金和企业信誉损失，但会使平均流程时间增加，同时使在制品和流动资金占用增加。

3. 最短加工时间和最早预定交货期综合法

最短加工时间和最早预定交货期综合法步骤如下。

（1）先根据最早预定交货期法排列一个最大延期量为最小的加工方案。

（2）计算所有加工任务的总流程时间。

（3）查出初始方案中预定交货期大于总流程时间的加工任务，按最短加工时间规则，把加工时间最长的排在最后。

（4）根据步骤（2）（3）反复调整，最终排定加工顺序。

这种方法不但消除了延期量，还减少了加工流程时间。其优化流通加工作业流程的作用是综合的，企业可根据客户需求变化，及时改变作业顺序，从而取得良好的经济效益。

关键点提示

优化流通加工作业流程的方法包括以下三种：

1.最短加工时间法；2.最早预定交货期法；3.最短加工时间和最早预定交货期综合法。

第4章

物流成本管控常见问题

物流成本计算是物流成本管理的基础，物流成本数据是制订物流计划、控制物流作业以及评价物流业绩等活动不可缺少的资料。物流成本计算的科学、准确与否影响着物流成本管理水平的高低。物流作业成本法从作业与成本之间的因果关系出发计算物流成本，结果更加准确、科学，是最有发展前途的物流成本计算方法。

4.1　如何确定物流成本计算对象

工作场景描述

当企业想确定物流成本计算对象又不知从何入手时，可查看。

解读与分析

成本计算对象，指企业或成本管理部门，为归集和分配各项成本费用而确定的，以一定时期和空间范围为条件而存在的成本计算实体。

企业进行物流成本计算时，首先要确定物流成本计算对象。成本计算对象的选取方法不同，得出的物流成本结果也不同，从而会导致不同的成本评价对象与评价结果。因此，正确确定物流成本计算对象是进行物流成本计算的基础。

企业确定物流成本计算对象时，需要从以下三个方面进行分析。

1. 物流成本计算期间的确定

物流活动是持续不断地进行的，必须截取其中的一段时间作为归集物流经营费用、计算物流成本的时间范围。这个时间范围就是物流成本计算期间。物流成本计算期间可以以年、季、月为周期，也可以是某项作业周期，企业应当视具体情况而定。

2. 物流成本计算范围的确定

物流成本计算范围是物流成本计算的具体内容，即应选取哪些成本费用项目进行物流成本计算。根据物流成本分析控制的需要，从物流活动范围的角度看，在供应物流费、企业内物流费、销售物流费、回收物流费和废弃物物流费中，企业需要评估哪些应纳入物流成本计算范围；从物流功能范围的角度看，在运输、搬运、存储、包装和流通加工等中，企业应选取将哪些功能作为物流成本计算对象。

物流成本的计算范围包括以下三部分。

（1）库存费用。指花费在保存货物上的费用，包括仓储成本、合理损耗、人力费用、保险、税收和库存占压资金的利息。仓储成本既包括公用仓库的成本，也包括私人仓库的成本。

（2）运输成本。运输成本包括公路运输、其他运输方式的费用与货主费用。公路运输费用包括城市内运送费用和区域间卡车运输费用；其他运输方式费用包括铁路运输费用、国际和国内空运费用、货运代理费用和燃油管道运输费用；货主费用包括运输部门运作及卸货费用。

（3）物流管理费用。由专家确定一个固定比例，乘以库存费用和运输成本的总和得出。

3. 物流成本承担者的确定

成本承担者是指发生并应合理承担各项费用的特定经营成果的体现形式。根据实际情况，物流成本承担者可以是某一客户、某一作业种类、物流责任中心乃至整个企业。

从上述三个方面确定了物流成本计算对象后，企业就可以收集物流成本数据，计算物流成本了。

关键点提示

物流成本计算对象包括以下三个方面内容：

1.物流成本计算期间的确定；2.物流成本计算范围的确定；3.物流成本承担者的确定。

4.2 如何进行物流作业成本计算

工作场景描述

当企业想根据物流作业耗费与成本对象的因果关系进行物流作业成本计算时，可查看。

解读与分析

作业中心是成本归集和分配的基本单位，它由一项作业或一组性质相似的作业组成。由于作业消耗资源，因而作业中心也叫“作业成本库”。

物流作业成本计算是以作业成本计算为指导，将物流间接成本更为准确地分配到物流作业、运作过程、产品、服务及顾客中的一种成本计算方法。由于它立足于成本对象与物流作业耗费之间的因果关系，因此是一种更为准确也更具有发展前途的物流成本计算方法。物流作业成本法的计算步骤如下。

1. 分析和确定物流资源

物流资源是物流作业得以进行的基础，是成本消耗的根源。物流作业成本计算首先要分析各项物流活动都耗费了哪些资源，物流资源有工资、设备和动力等。

2. 分析和确定物流作业构成，建立物流作业成本库

物流活动由一系列基本作业构成，它们是一个个易于理解的操作环节。企业可以采用业务职能分析法、作业流程法和价值链分析法等确定各项作业的构成，并在此基础上对各项物流作业进行筛选和整合，将同质物流作业合并，形成物流作业中心。

3. 分析和确定物流成本动因

成本动因是指诱发企业成本发生的各种因素，也是引起成本产生和变化的原因，可分为资源动因和作业动因。物流资源动因反映了物流作业量与资源耗费间的因果关系，说明资源被各作业消耗的原因、方式和数量。因此，物流资源动因是把资源分配到作业中去的衡量标准。作业成本计算要观察、分析物流资源，为每项物流资源确定动因，如仓库面积、体积是仓库折旧的资源动因。

物流作业动因是最终成本对象耗费物流作业资源的原因和方式，反映了成本对象使用物流作业的频率和强度。例如，商品检验活动的作业动因是商品检验的次数，它是分配、计算商品检验成本的依据。

4. 物流成本计算分配至成本对象

物流资源是物流成本耗费的基础。分配计算物流成本从分配计算物流资源开始。首先确定好物流资源，然后根据资源动因，把物流资源分配至各物流作业中心，形成物流

作业成本库。最后根据作业动因，将各作业成本库中的物流成本分配至各成本计算对象。

5. 计算各成本对象物流总成本

将成本对象中分摊的各物流作业成本加和汇总，即得成本对象负担的间接物流成本。再加上直接物流成本，就是各成本对象的物流总成本，企业可据此计算单位物流成本。

物流作业成本法深入作业中，为企业对间接成本和辅助资源进行更为合理的分配与计算提供了更科学、更准确的物流成本数据。

成本按其计入成本对象的方式分为直接成本和间接成本。直接成本是与成本对象直接相关的那一部分成本。所谓“与成本对象直接相关”，是说该成本与某一特定的成本对象存在直接关系，它们之间存在明显的因果或受益关系。间接成本与直接成本相对应，是指在与成本对象相关联的成本中，不能用一种合理经济方式追溯到成本对象的那一部分成本。一项成本可能是直接成本，也可能是间接成本，要根据成本对象的选择而定。

关键点提示

物流作业成本的计算有以下五个步骤：

1.分析和确定物流资源；2.分析和确定物流作业构成，建立物流作业成本库；3.分析和确定物流成本动因；4.物流成本计算分配至成本对象；5.计算各成本对象物流总成本。

4.3 如何确定物流作业和物流作业中心

工作场景描述

在进行物流作业成本计算的过程中，当想知道怎样确定物流作业和物流作业中心时，可查看。

解读与分析

使用作业成本法计算物流成本时，必须将企业的各项物流作业尤其是主要物流作业清楚、正确地辨认、描述和确认出来，并建立物流作业中心。

1. 辨别物流作业

物流作业主要有以下几种。

（1）原材料或劳务的接收、储存、分配。如原材料搬运、车辆调度等。

（2）生产物流活动。如材料准备、设备测试等。

（3）产品集中储存和销售。如库存管理、送货车辆管理和订单处理等。

（4）产品或服务营销。如报价和定价等。

（5）仓库、物流设备设施等投入活动，企业物流管理、物流会计等活动。

2. 合理确认物流作业

企业必须在合理范围内确认物流作业，范围太大或太小都不利于物流成本计算。确认物流作业时必须遵循以下原则。

（1）不同人执行的是不同的作业。

（2）一项作业一般不多于15个密切相关的操作。

（3）把一项作业中不相关的操作分解出去。

（4）不分解只有一项投入和产出的作业。

（5）每个职能部门中，功能明确的作业一般是2～10个。

（6）不分解不能改变的作业。

（7）不分解对决策意义不大的作业。

3. 建立物流作业成本库（物流作业中心）

企业确认了物流作业后对其进行合并、整合，就可以建立物流作业成本库。建立物流作业成本库时，企业需从以下方面考虑。

（1）核算目的。若要获得相对准确的物流成本信息，则应对质相似和量相关的物流作业进行高度合并；若要加强物流作业管理，则应以利于部门管理为目的，在作业质相似的前提下，将次要物流作业合并到主要物流作业中。

（2）作业重要性。对于现在和将来重要的物流作业，应将其单独设为一个物流作业中心。

（3）作业相似性。根据实际情况，合理合并作业动因相同、相似的物流作业。

正确确定物流作业，并建立物流作业中心，是进行物流作业成本计算必不可少的环节，企业应当引起足够的重视。

一个普通的企业物流作业制造过程如表4–1所示。

表4–1　物流作业过程

业务职能部门	主要作业
物资采购部	获取采购信息、签订合同、完成交易
储运部	收货、验货、存储、发货、运输
生产部	材料准备、包装
质量控制部	检验
会计部	审核开具发票、收款、付款、制单

关键点提示

确认物流作业和物流作业中心有以下三个步骤：

1.辨别物流作业；2.合理确认物流作业；3.建立物流作业成本库（物流作业中心）。

4.4　如何确认物流成本动因

工作场景描述

在进行物流作业成本计算的过程中，当不知道怎样确认物流成本动因时，可查看。

解读与分析

企业进行物流作业成本计算时，物流成本动因的确认是难度最大、最关键的步骤。如果物流成本动因确认不当，将影响物流成本的计算。

1. 辨别物流成本动因

（1）作业批次数量。它会导致物流作业计划的制订和机械设备调试成本的发生。

（2）购货单数量。它会引起采购和收货部门物流成本的发生。

（3）发货单数量。它会引发发货部门物流成本的发生。

（4）销货单和用户的数量。它会导致销售部门物流成本的变化。

（5）物流职工人数和工作通知单的数量。它是后勤服务和管理部门物流成本发生的原因。

企业需要辨别成本动因种类，以此确定适当的物流成本动因。例如，生产准备部工人的工资分配，以人工小时为资源动因，以生产准备次数为作业动因；采购部职员的工资分配，以职工人数为资源动因，以采购合同为作业动因。

2. 确定物流成本动因数量

确定物流成本动因数量时，企业应考虑以下因素。

（1）成本计算的精确度。物流成本计算的精确度要求越高，需要的成本动因数量越多。

（2）成本对象的多样性。物流成本计算对象越多，则需要越多的成本动因来描述物流成本的发生过程。

（3）各作业的相关性。在物流活动中，关键物流作业的数目越多，非同质物流作业的数目越多，则需要的成本动因数量越多。

（4）作业批量的复杂性。由于进行不同批量的生产、运输和包装等活动的边际成本与平均成本不同，因此需要由不同的成本动因来反映。批量越复杂，成本动因越多。

（5）作业的关联度。成本动因与实际物流作业的关联度越高，所需的成本动因越少；同一物流作业的不同成本动因关联度越高，则所需的成本动因越少。

（6）物流组合复杂度。物流服务种类越少，作业成本项目的数量会相应减少，作业成本更易于与具体作业相联系，因而所需的成本动因越少。

3. 恰当选择物流成本动因

选择物流成本动因时，企业应考虑以下因素。

（1）计量的难易度。企业根据成本系统中已存在的资料，尽可能选择那些能直接使用现有资料的成本动因。即选择容易获得、成本更低的成本动因。

（2）与实际成本的相关度。如果物流成本动因计算出的作业消耗与实际消耗相差大，则说明成本计算不准确。因此，企业应重新选择相关度大的成本动因，这样计算出的物流成本才更准确。

（3）对组织行为的影响。某些成本动因可能会影响员工的行为。这种动因若与组织目标一致，则能提高员工工作效率，促进效益的增加；反之，也可能导致员工工作效率低下。所以，企业应选择对员工的行为作用有利的物流成本动因。

物流成本动因的确认要求企业深入工作现场观察、分析，并与物流实际作业人员交流，选择那些具有代表性和重要影响的成本动因，以便减少成本动因数量，降低计算复杂性。

关键点提示

确认物流成本动因有以下三个步骤：

1.辨别物流成本动因；2.确定物流成本动因数量；3.恰当选择物流成本动因。

4.5 如何将物流成本分配至成本对象

工作场景描述

当使用作业成本法计算物流成本，想知道如何将物流成本分配至成本对象时，可查看。

解读与分析

在物流作业成本法中，消耗的物流成本最初是以资源的形态出现的，最后再转化到成本计算对象中去，该过程如下。

1. 物流资源分摊

按物流资源消耗的特点，有以下三种分摊方法。

（1）若一项资源只为某一特定物流作业所消耗，则直接计入该成本对象。

（2）若某项资源从发生区域上可划分为被不同物流作业所消耗，则可根据发生区域直接计入各物流作业成本库。

（3）若某项资源同时被多个物流作业所消耗且呈混合状态，则需选择合适的资源动因作为划分依据，据此将其分解到各物流作业中心中去。

资源分配率的计算公式如下：

$$\text{某物流资源分配率} = \frac{\text{某物流资源总额}}{\text{该资源成本动因量化总和}}$$

其中，成本动因量化根据物流资源动因确定，所依据的资源动因可以是存货体积、物流职工人数等，将其加和汇总就是量化总和。例如，将工资分配到仓储部时，仓储部职工人数就是资源动因，仓储部的总职工人数就是它的量化总和。

求出物流资源分配率后，将其与各物流作业中心的资源量化总和相乘，就可得到分配到各物流作业中心的物流资源数额。例如，将工资分配率乘以仓储部职工人数，就可得出仓储部应分摊的工资额。

2. 计算物流作业中心成本分配率

物流资源分摊到作业中心后，将形成物流作业成本库中的成本。对这些成本需根据物流作业动因，计算某项物流作业的分配率。其计算公式如下：

$$\text{某物流作业中心成本分配率} = \frac{\text{某物流作业中心成本总额}}{\text{该中心成本动因量化总和}}$$

其中，成本动因量化根据物流作业动因确定，作业动因可以是作业次数、机器小时和单据数量等，将其加总就可得到量化总和。例如，对质量检验的量化，检验次数是作业动因，量化总和就是检验的总次数。

3. 计算物流成本总额

得出物流作业中心成本分配率后，就可以计算分摊至各物流成本对象的物流成本总额了。其公式为：

某成本对象的物流总成本=∑（该成本对象消耗的该项物流作业量总和×该项物流作业成本分配率）

作业成本核算包含两种观点：一种是成本分配观（或叫成本分解观）；另一种是过程分析观。前者进行纵向分析核算，提供关于资源、作业量、作业和产品等成本对象的成本信息；后者进行横向分析核算，提供关于作业对顾客需求的满足程度、效率等非财务方面的信息。这两种观点在物流作业成本核算制度中被合称为“两维成本核算观”。

关键点提示

物流成本分配有以下三个步骤：

1.物流资源分摊；2.计算物流作业中心成本分配率；3.计算物流成本总额。

4.6 如何编制物流成本计划

工作场景描述

当企业想编制物流成本计划时，可查看。

解读与分析

企业通过物流成本计划事先确定计划期内的成本项目和数额，明确降低成本的具体目标，这是进行物流成本控制的重要手段之一。物流成本计划的编制步骤如下。

1. 收集和整理相关资料

为制订科学合理的计划，企业需要收集和整理各方面的资料，包括物流活动的历史资料、未来预测资料，以及行业内其他企业的相同物流活动的资料等。

2. 分析上期物流成本计划的执行结果

对企业上期物流成本计划执行情况进行全面的分析，找出实际结果与计划成本存在差异的原因，弄清存在的问题，并对计划编制工作的科学合理性做出评价，为企业编制新计划提供借鉴。

3. 确定物流成本费用的控制限额

对上期物流成本计划完成情况进行分析后，结合未来成本降低的目标，确定可行的物流成本费用控制额度。将物流成本费用限额下达到各职能部门，各部门根据实际情况对其加以修正，逐层上报汇总，由计划制订者统一协调，最终确定供部门执行的限额。

4. 编制物流成本计划

在最高管理层的领导下，成本计划部门与各部门相互配合，以物流成本计划总目标为指导，考虑特殊要求，有序编制计划，并落实实现物流成本计划的具体措施。

物流成本计划为企业实施物流成本控制，制订成本控制标准提供了重要依据，也是进行物流成本分析和考核的参照标准。

编制物流成本计划的重要性有以下几点。

（1）它提出了企业进行物流资源配置的一般性要求。

（2）它是衡量物流成本控制标准的重要尺度。

（3）它是监测物流成本运作过程的工具。

（4）它突出了各部门成本工作的重点。

关键点提示

物流成本计划的编制有以下四个步骤：

1.收集和整理相关资料；2.分析上期物流成本计划的执行结果；3.确定物流成本费用的控制限额；4.编制物流成本计划。

4.7 如何编制物流成本弹性预算

工作场景描述

当想对计划期内可能变动的业务量编制物流成本弹性预算时，可查看。

解读与分析

弹性预算，是指在编制费用预算时，预先估计计划期内业务量可能发生的变动，编制出一套能适应业务量变化的费用预算，以便分别反映在各业务量情况下所应开支的费用水平。物流活动在实际经营过程中经常会发生变化，为适应变化，编制物流成本弹性预算就显得非常必要。

1. 物流成本弹性预算的编制过程

（1）确定各物流成本费用的成本依存度。所谓成本依存度，是指成本总额与业务量之间的依存关系。弹性预算的编制以成本依存度的划分为基础，必须先确定各物流成本项目的成本依存度，将它们划分为变动成本、固定成本和混合成本。变动成本是随业务量增长而成正比例增长的成本，如运输中的燃油费、包装消耗的直接材料费；固定成本是不受业务量影响的成本，如物流设施和设备的折旧费；混合成本是随业务量增长而增长，但与业务量增长不成正比例的成本，如物流机械设备的修理费。

（2）选取恰当的业务量计量对象。企业编制弹性预算时，要随业务量水平的变化，计算出不同的计划成本。因此，企业应选择代表性强的业务量作为计量对象，并要注意所选取的计量对象应与预算中的变动部分有直接的联系。经常选取的业务量有直接人工工时、运输吨公里、作业工人工资和机械运转时数等。

（3）确定各项物流成本与业务量之间的数量关系。企业应逐项研究、确定各项物流成本与业务量之间的数量关系。固定成本一般不随业务量的变化而变化；对于变动成本，需确定单位业务量的变动成本，即增加一单位业务量而增加的成本；将混合成本分解为固定成本和变动成本，列出表达式。

（4）选用表达方式，计算预算物流成本

①列表式。先确定业务量变化范围，划分出若干业务量水平；再分别计算各物流成本项目的预算成本，汇总列入一个预算表格中。企业确定业务量变动范围时，应满足业务量实际变动的需要，确定方法有以下几种。

a. 把业务量范围确定为正常业务量的70%～110%。

b. 把历史上的最低业务量和最高业务量分别作为业务量范围的下限和上限。

c. 对企业预算期的业务量做出悲观预测和乐观预测，分别作为业务量范围的下限和上限。

②公式法。将所有物流成本项目分解为固定成本和变动成本，确定预算成本计算式$y=a+bx$中的系数。利用这个公式，可以计算任一水平业务量的预算物流成本。

进行混合成本分解的过程如下。

a. 设$y=a+bx$，其中y为混合成本；a为混合成本中的固定部分；b为混合成本中单位业务量变动成本；x为业务量。

b. 将已知的两个业务量和相应的混合成本代入方程，联立方程组，求解得出a与b。

2. 物流成本弹性预算的应用

（1）控制物流支出。物流成本固定预算只编制一个业务量水平的预算物流成本，一旦业务量发生变化，就不再适用。物流成本弹性预算给出了不同业务量水平下的预算物流成本，使各水平业务量都有成本限额，这样，在成本发生时，企业就能进行控制。

（2）考核物流业绩。在计划期末，将物流成本执行情况与预算进行比较，分析出现成本差异的原因，并评价各部门物流成本的执行情况。

物流成本弹性预算为不同水平的业务量提供了物流成本预算，在实践中应用广泛。

关键点提示

编制物流成本弹性预算的过程有以下四步：

1.确定各物流成本费用的成本依存度；2.选取恰当的业务量计量对象；3.确定各项物流成本与业务量之间的数量关系；4.选用表达方式，计算预算物流成本。

4.8 如何编制物流成本零基预算

工作场景描述

当不想受过去的影响，需要重新编制物流成本零基预算时，可查看。

解读与分析

零基预算是以零为起点，从实际需要出发，结合企业的资源情况，通过审议各项成本费用支出的必要性、合理性以及支出数额的大小而编制的预算。

物流成本弹性预算的编制是以企业过去的成本数据为基础，其缺点是容易忽略过去支出中不合理的部分，零基预算则有效地解决了这个问题。

编制物流成本零基预算的基本步骤如下。

（1）根据计划期的目标和任务，各部门提出预算期内完成各自任务需要的各项成本费用开支的性质、目的及数额。

（2）对各项物流成本费用进行成本效益分析，权衡利弊得失，评价成本费用的合理性。

（3）将各项物流成本费用按轻重缓急的先后顺序排序，考虑可动用的资金，先保证顺序在前的项目实施，依此类推，落实预算。

零基预算能消除企业不合理的物流成本费用支出，减少浪费，有利于改善整个物流成本控制效果和提高预算管理的效率。

关键点提示

编制物流成本零基预算的基本步骤如下：

1.提出物流成本费用项目；2.进行成本效益分析；3.进行排序和分配资金，落实预算。

4.9　如何制订物流标准成本

工作场景描述

当想事先制订物流标准成本时，可查看。

解读与分析

标准成本是经过仔细调查分析和运用技术测定等科学方法，在有效经营条件下制订的应该实现的成本。企业进行物流成本控制时，先要制订物流成本控制标准。物流标准成本是物流成本控制标准中最常见的一种。

物流标准成本的制订主要有三个方面，即直接材料、直接人工和物流服务费用。把这三个数据相加，可以得出单位物流服务标准成本。

1. 物流直接材料标准成本的制订

物流直接材料标准成本由物流直接材料价格标准和物流直接材料用量标准确定。其计算公式如下：

物流直接材料标准成本=物流直接材料价格标准 × 物流直接材料用量标准

物流直接材料标准成本常见于物流活动中的包装和流通加工，因为这些活动往往需要使用各种材料。物流直接材料价格标准应能反映目前的市场价格、未来市场的走势以及批量采购的优势；物流直接材料价格标准应包括发票价格、运费、检验费用和正常损耗等，所以需要企业在征询采购部门的意见后制订。物流直接材料用量标准应根据企业物流作业流程状况和管理要求等制订。

2. 物流直接人工标准成本的制订

物流直接人工标准成本由物流人员工资标准和物流人工用量标准确定。计算公式如下：

物流直接人工标准成本=物流人员标准工资 × 物流人工用量

物流直接人工标准成本的制订涉及物流活动的各环节，如流通加工工人的工资标准和铲车司机工资标准的制订。在制订标准成本时，如果是计件工资，标准工资率就是计件工资单价；如果是计时工资，标准工资率则是单位工时工资。标准工资率可由标准工资总额除以标准总工时得出。工时标准则需要根据现有物流运作技术条件，测算提供某项物流服务所需的时间，包括调整设备时间、直接服务操作时间和工间休息时间等。

3. 物流服务费用标准成本的制订

物流服务费用标准成本分为变动物流服务费用标准成本和固定物流服务费用标准成本。

（1）变动物流服务费用标准成本。它由变动物流服务数量标准和变动物流服务价格标准确定。数量标准可采用单位物流服务直接人工工时标准、机械设备工时标准或其他标准，要求与变动物流服务费用存在较好的线性关系。价格标准即每小时变动物流服务费用的标准分配率，由变动物流服务费用预算除以数量标准总额得出。在采用单位物流服务直接人工工时标准时，变动物流服务费用标准成本用公式表示为：

$$\text{变动物流服务费用标准成本}=\text{单位物流服务直接人工标准工时}\times\text{每小时变动物流服务费用的标准分配率}$$

$$\text{每小时变动物流服务费用的标准分配率}=\frac{\text{变动物流服务费用预算总额}}{\text{物流直接人工标准总工时}}$$

变动物流服务费用标准成本的例子很多，如装卸搬运活动中使用的润滑油和配件的标准成本。在各部分变动物流服务费用标准成本确定后，将它们加和汇总，就可得到变动物流服务费用的单位标准成本。

（2）固定物流服务费用标准成本。它由固定物流服务数量标准和固定物流服务价格标准确定。数量标准和价格标准的确定与变动物流服务费用相同。在采用单位物流服务直接人工工时标准时，固定物流服务费用标准成本用公式表示为：

$$\text{固定物流服务费用标准成本}=\text{某物流服务直接人工标准工时}\times\text{每小时固定物流服务费用的标准分配率}$$

$$\text{每小时固定物流服务费用的标准分配率}=\frac{\text{固定物流服务费用预算总额}}{\text{物流直接人工标准总工时}}$$

固定物流服务费用标准成本的例子很多，如仓库租赁费和仓库管理人员工资标准。在各部分固定物流服务费用标准成本确定后，将它们加和汇总，就可得到固定物流服务费用的单位标准成本。企业将所得的物流直接材料、直接人工和服务费用的标准成本加和汇总，就可以确定有关物流服务的完整物流标准成本。

关键点提示

物流标准成本的制订包括以下内容：

1.物流直接材料标准成本的制订；2.物流直接人工标准成本的制订；3.物流服务费用标准成本的制订。

4.10　如何分析物流成本差异

工作场景描述

当实际成本与标准成本出现差异，需要分析物流成本差异时，可查看。

解读与分析

物流成本差异，是指实际发生的物流成本与物流标准成本相比较出现的差额。企业应对这种差异进行分析，以便找出出现差异的原因，并采取有效的措施加以纠正。

企业应从以下方面对物流标准成本差异进行分析。

1. 物流直接材料成本差异分析

物流直接材料成本差异分为物流直接材料价格差异和物流直接材料用量差异两种。计算公式如下：

物流直接材料成本差异=物流直接材料实际成本－物流直接材料标准成本

物流直接材料用量差异=（材料实际用量－材料标准用量）×材料标准价格

物流直接材料价格差异=（材料实际价格－材料标准价格）×材料实际用量

多种原因可能造成物流直接材料用量差异，如采用了新的包装技术，但用料标准未随之改变，操作工人技术不过关、责任心差等，造成这类差异的责任一般应由操作部门承担；导致价格差异的原因也有很多，例如没有按经济批量进行采购，采购时舍近求远等，造成这类差异的责任一般在采购部门。

2. 物流直接人工成本差异分析

物流直接人工成本差异分为物流直接人工效率差异和物流直接人工工资率差异两种。计算公式如下：

物流直接人工成本差异=物流直接人工实际成本－物流直接人工标准成本

物流直接人工效率差异=（实际人工工时－标准人工工时）×标准工资率

物流直接人工工资率差异=（实际工资率－标准工资率）×实际人工工时

物流直接人工效率差异的形成原因是多方面的，如用人不当，作业工人经验不足，路况差导致的额外运输时间，物流机械设备陈旧、低效等，造成这类差异的主要责任在操作部门；导致工资率差异的原因有工资制度的变动、临时工的变动等，劳动人事部门一般应对这类差异负责。

3. 物流服务费用成本差异分析

物流服务费用成本差异分为变动物流服务费用成本差异和固定物流服务费用成本差异。

（1）变动物流服务费用成本差异分析。它由变动物流服务费用效率差异和变动物流服务费用耗费差异构成。计算公式如下：

变动物流服务费用成本差异=变动物流服务费用实际成本－变动物流服务费用标准成本

变动物流服务费用效率差异=（实际工时－标准工时）×变动物流服务费用标准分配率

变动物流服务费用耗费差异=（变动物流服务费用实际分配率－变动物流服务费用标准分配率）×实际工时

引起变动物流服务费用效率差异的原因与引起物流直接人工效率差异的原因基本相同。变动物流服务费用耗费差异的形成往往是因为变动物流服务费用开支额或工时耗费发生变化，责任一般在物流操作部门。

（2）固定物流服务费用成本差异分析。它由固定物流服务耗费差异、闲置能量差异和效率差异组成。计算公式如下：

固定物流服务费用成本差异=固定物流服务费用实际成本－实际物流作业量标准成本

固定物流服务费用耗费差异=固定物流服务费用实际成本－固定物流服务费用标准成本

固定物流服务费用闲置能量差异=（计划物流作业量标准工时－实际物流作业量标准工时）×标准费用分配率

固定物流服务费用效率差异=（实际物流作业量标准工时－实际物流作业量实际工时）×标准费用分配率

固定服务费用效率差异产生的原因与人工效率差异产生的原因大致相同。导致闲置能量差异的原因往往是开工不足、车辆开动率和仓库利用率低，责任往往在管理部门；导致耗费差异的原因比较复杂，如标准成本制订的不切实际、实际物流服务量少于计划量等，对这类差异要进行更深入的分析，才能分清责任部门。

企业通过分析标准成本差异产生的原因，找到责任部门，就可以采取积极有效的措施，控制不恰当差异，降低物流成本。

关键点提示

物流成本差异分析包括以下三点：

1.物流直接材料成本差异分析；2.物流直接人工成本差异分析；3.物流服务费用成本差异分析。

4.11　如何制订物流目标成本

工作场景描述

当企业想实现预定的利润而制订物流目标成本时，可查看。

解读与分析

目标成本控制是一种现代成本管理方法，同样适用于物流成本控制。制订物流目标成本的主要步骤如下。

1. 设置物流总目标成本

最高管理层结合企业发展战略和实际情况，制订计划期要实现的物流服务利润，确定物流成本总目标。这个总目标要分解到各级职能部门，直到最基层。

2. 明确物流组织结构

对每个目标和子目标，企业应根据物流组织结构的要求，建立责任中心，明确其应完成的任务和应承担的责任以及应享有的权利。

3. 设置下级物流目标成本

根据物流资金、人力等资源情况，进行上下级协商、合作，拟定考核下级的目标成本。在这个过程中，企业可能需要修订总目标成本。

4. 研究物流目标成本可行性

物流目标成本的制订不可能一次就成功，需要企业对初步设置的物流目标成本进行分析、判断。对不可行目标成本还要从最高层开始重新制订，直到可行为止。如此，在反复循环的过程中，使物流目标成本得以完善。

5. 分解物流目标成本

目标成本分解，指对设立的目标成本进行可行性分析后，将目标成本自上而下按照企业的组织结构逐级分解，落实到有关的责任中心。

企业分解物流目标成本需从以下三个方面进行。

（1）将物流目标成本分解为材料费用目标、人工费用目标等。

（2）将物流目标成本分解到各级具体责任中心或责任人。

（3）将物流目标成本分解为年度目标成本、季度目标成本和月度目标成本等。物流目标成本的分解也需要不断修订。

常用的目标成本分解方法有以下三种。

（1）按管理职能分解。例如，运输部门负责运输费用、仓储部门负责仓储费用等。

（2）按服务形成过程分解。按物流服务设计、物流材料采购和物流服务提供等过程分解成本，形成各项目标成本。

（3）按管理层次分解。将目标成本按企业、部门、个人进行分解，这是一种自上而下的过程。

物流目标成本控制是成本控制与目标管理的有机结合，能及时反映实际物流成本与物流目标成本的偏差，以便企业采取有效的措施加以纠正。

关键点提示

物流目标成本的制订有以下五个步骤：

1.设置物流总目标成本；2.明确物流组织结构；3.设置下级物流目标成本；4.研究物流目标成本可行性；5.分解物流目标成本。

4.12　如何进行物流目标成本测算

工作场景描述

当企业想进行物流目标成本测算时，可查看。

解读与分析

企业在进行物流目标成本控制时，首先需要测算物流目标成本。物流目标成本的测算包括两个方面，即物流总目标成本测算和物流单项目标成本测算。

1. 物流总目标成本测算

物流目标成本等于服务收入与目标利润之差。只要测算出物流目标利润，物流目标成本也会随之确定。测算物流目标利润的方法有以下两种。

（1）目标利润率法。它是使用经营相同或相似业务的物流企业的平均报酬率来测算本企业利润。计算公式如下：

目标利润=预计服务收入×同类企业平均服务利润率

或

目标利润=本企业净资产×同类企业平均净资产利润率

或

目标利润=本企业总资产×同类企业平均资产利润率

（2）上年利润基数法。本年利润是上年利润的延续，但随着竞争环境的改变和企业自身的进步，管理层会提出利润增长率的要求。计算公式如下：

目标利润=上年利润×利润增长率

这样测算出的目标成本只是初步的设想，在物流目标成本的制订过程中，企业需要不断地进行修正。

2. 物流单项目标成本测算

企业测算各项服务、作业目标成本时，可按以下方法进行。

（1）倒扣法。即根据通过市场调查确定的顾客或服务对象可接受的单位价格，扣除企业预期达到的单位服务利润和单位税金以及预计单位服务期间费用倒算出单位服务目标成本的方法。倒扣法用公式表示为：

物流单位服务目标成本=预计单价-单位服务目标利润-预计单位服务税金-预计单位服务期间费用

期间费用是指本期发生的不能直接或间接归入某种服务的费用。它包括物流行政管理部门发生的费用和物流营销活动发生的费用等。

（2）比价测算法。即将新服务或作业与原来相似的服务或作业进行对比，对与原来一样的环节，按原成本指标测定；对新的不同环节，按新材料标准成本、作业工时标准等加以估算测定。

与物流总目标成本一样，物流单项目标成本的测算也需不断地修正。目标成本测算是进行目标成本控制的基础，物流目标成本测算准确与否，关系着物流目标成本控制的好坏。

关键点提示

物流目标成本测算包括以下两个方面：

1.物流总目标成本测算；2.物流单项目标成本测算。

4.13　如何进行物流作业成本管理

> 工作场景描述
>
> 当企业想进行物流作业成本管理时，可查看。

解读与分析

作业成本管理方法是企业深入到作业过程中，对各作业状况进行分析，并对各作业成本进行控制的一种方法，其具有传统成本管理方法无法比拟的优势。将作业成本管理应用到物流作业管理中，能充分发挥作业成本管理的优势。其管理过程如下。

1. 确认物流作业的增值性

增值作业能给客户带来利润，非增值作业不仅不会带来利润，还是一种资源浪费。企业应从两个方面考察物流作业是否具有增值性：一是对客户是否必要，二是对物流运营是否必要。若对客户是必不可少的作业，或是物流成功运营的必要条件，就是增值作业，否则为需要消除的非增值作业。

2. 物流作业流程重构

在分析作业增值性后，重构物流作业流程，消除非增值作业。如果非增值作业一时不能完全消除，企业也要努力探究深层次的原因，提高非增值作业的工作效率。重构后，使物流流程更加合理。

3. 物流标杆瞄准

物流标杆瞄准就是：在详细了解企业自身物流作业的基础上，与同行业中一流企业的物流作业或其他行业中优秀企业的物流作业相比较，思考本企业怎么做才能和优秀企业一样好，对存在问题的作业进行改进。改进的方式有以下几种。

（1）减少物流作业时间和作业量，努力达到标准物流作业效率。

（2）以标准企业为参照，根据本企业现有资源，选择适合本企业的物流活动成本项目，并重新制订各项成本标准。

（3）重新分配未使用资源，如将富余资源重组、出租和出售等。

标杆瞄准的基准应不断地提高，改进的目标也应不断地提高。

4. 建立绩效评估系统

为反映各物流作业的贡献，及时反馈、改进物流活动，企业需要建立绩效评估系统。

（1）确定目标。建立使客户满意和物流成功运营的目标。企业根据自身的实际情况，可以设立短期、中期和长期目标。

（2）将目标落实到个人。参与物流活动的每一个人都应该了解目标，并且知道自己的职责和权利。

（3）采用适当的计量方法。对每项物流作业采用适当的计量方法，使其正确反映各项作业的贡献，作为企业改进活动和奖励的依据。

物流作业成本管理的四个环节是一个有机的整体，只有循环往复、持续地进行，才能不断推动企业物流活动的改进。

对运输与物流企业的相关调查显示，有29%的企业用作业成本法代替了传统成本方法，有超过50%的企业使用作业成本法作为传统成本系统的补充。另外，还有15%的企业使用作业成本法作为辅助成本系统和成本分析的工具。可见，作业成本法在物流组织中的应用前景非常广阔。

关键点提示

物流作业成本管理过程包括以下四步：

1.确认物流作业的增值性；2.物流作业流程重构；3.物流标杆瞄准；4.建立绩效评估系统。

4.14　如何进行运输成本核算

工作场景描述

当企业想知道怎样进行运输成本核算时，可查看。

解读与分析

运输成本占物流成本的30%左右，运输成本计算是物流成本计算的重要组成部分。企业一般利用汽车运送货物，下面是汽车运输成本的计算方法。对于其他运输形式，企业一般选择外购的方式，届时可直接将支付的价款作为运输成本。

1. 计算对象

如果企业车型多，根据管理需要，可以将其按不同燃料和不同类型分类，作为成本计算对象。如果车型少，则可以一并计算。

2. 计算单位

汽车运输成本计算单位，是实际运送的货物吨数与运距的乘积，常用“吨公里”表示。为了计量方便，运输成本计算单位也可使用“千吨公里”。

3. 计算内容及方法

汽车运输成本包括的内容比较广泛，各成本项目的计算方法如下。

（1）工资和福利费。指按规定支付给运营车辆司机的基本工资、工资性津贴、奖金和按比例计提的福利费。工资和福利费根据工资和福利费分配表中有关运输的部分计入运输成本。

（2）燃料费。指运营车辆所耗用的汽油、柴油等的费用。燃料费根据行车路单或其他有关燃料消耗报告所列的实际消耗量计入成本。企业需要注意的是，应使燃料实际消耗量与当月车辆行驶总千米数和所完成的运输周转量相符合。

（3）轮胎费。指运营车辆耗用的外胎、内胎、垫带的费用支出以及轮胎翻新费和零星修补费。轮胎费用按实际领用数和发生数计入成本。如果外胎一次领用较多，可在一年内分月摊入运输成本。

（4）修理费。指运营车辆进行维修和小修所发生的工料费、修复旧件费用和车辆大修费用。修理费按维修时领用的各种材料费、配件费，直接计入运输成本。对车辆大修费用，应分月计入运输成本。

（5）车辆折旧费。指运营车辆按规定方法计提的折旧费。车辆折旧费按车辆使用年限或车辆行驶里程计算。

（6）养路费、税金及运输管理费。指按规定向管理部门交纳的相应费用。养路费按实际交纳数计入运输成本。

（7）车辆保险费。指向保险公司交纳的运营车辆的保险费用。如果存在车辆保险费，则按实际支付的投保费用和投保期，分月分摊计入运输成本。

（8）事故费。指运营车辆在运行时，因行车肇事所发生的修理费、救援费和赔偿费等事故损失。事故费在扣除保险公司的赔偿和其他人的赔偿后，计入运输成本。

（9）其他运营费。如随车工具、篷布绳索费、车辆牌照费和检查费等。其他运营费根据实际领用数和发生数计入运输成本。

4. 运输总成本和运输单位成本计算

将计算期内各运输成本计算对象的运输成本加和汇总，即得出运输总成本。如果企业需要，可将各计算对象的运输成本除以相应的计算单位的数量，这样就可得出相应的单位运输成本。

如果企业存在对外支付的运输费用，则直接加到企业内部运输成本中，即可得出企业总运输成本。

在日常工作中，物流相关人员要把握如下几点。

（1）建立健全汽车运输记录、车辆维修作业记录、车辆设备使用记录、财产物资变动记录和管理信息记录等原始记录。

（2）根据市场行情，企业应对各种原材料、燃料、轮胎和工具等制订价格计划，定期调整价格差异。

（3）企业要经常进行运输成本检查，认真审查成本计划和各项费用开支标准。

（4）确保原始记录健全、计量准确，加强成本核算管理，确保运输成本核算真实。

（5）实行全面运输成本管理，对燃油消耗和配件购买等落实责任。

关键点提示

运输成本计算包括以下四点：

1.计算对象；2.计算单位；3.计算内容及方法；4.运输总成本和运输单位成本计算。

4.15　如何选择恰当的运输方式以降低运输成本

工作场景描述

当企业想选择恰当的运输方式以降低运输成本时，可查看。

解读与分析

运输方式包括铁路运输、公路运输、水路运输、航空运输和管道运输。企业选择恰当的运输方式有利于节约运输成本。

1. 明确各种运输方式的特点和适用范围

（1）铁路运输。适用于大量货物的集中、迅速运输。中、远距离运输时，在一定限度内，运费比较便宜；受气候条件影响小；在既定轨道上运输，事故少，安全性较高；铁路运输遍及全国，可向各地进行运输。但近距离运输时费用较高；长距离运输时，还需货车配载，中途停留时间可能较长；在紧急运输时，可能失去时机。

（2）公路运输。适用于小、中批量商品的近距离运输。运费较便宜；可进行门到门运输；运输途中装卸少，包装可相对简单。但不适合大量、远距离运输。

（3）水路运输。适用于大量、远距离、运费受限制的商品运输，运费较低；也适用于重量大、体积大的商品运输；还适用于散装货物的专用船运输。但运输速度较慢，在码头、港口的装卸费用高，受天气影响较大，运输安全性和准确性较差。

（4）航空运输。适用于运费限制小，小批量商品的中、远距离运输。运输速度快，货物包装比较简单。但运费高，不适合运输低价值和大批量的货物，也不适合运送较重或体积较大的货物。

（5）管道运输。适用于气态、液态货物的运输。运输效率高，占用土地少。但运输对象有限，管道铺设费用高。

2. 量化运输方式选择

运输的快速性、准确性、安全性和经济性之间是相互制约的，在选择运输方式时，企业应综合考虑运输的各种目标要求，采用综合评价法进行量化选择。

（1）确定运输方式的评价因素。运输方式的评价因素有快速性、经济性、安全性和准确性等，分别用S_1、S_2、S_3和S_4表示。由于这些因素在选择时的重要性不同，因而可加上四个评价权数a_1、a_2、a_3和a_4，则运输方式的综合评价价值S用以下公式表示：

$$S=a_1S_1+a_2S_2+a_3S_3+a_4S_4$$

（2）建立运输方式的综合评价方式。分别用$S(R)$、$S(T)$、$S(F)$表示可供选择的运输方式，即铁路运输、公路运输和水路运输的综合评价值。$S(R)$、$S(T)$、$S(F)$用以下公式表示：

$$S(R)=a_1S_1(R)+a_2S_2(R)+a_3S_3(R)+a_4S_4(R)$$

$$S(T)=a_1S_1(T)+a_2S_2(T)+a_3S_3(T)+a_4S_4(T)$$

$$S(F)=a_1S_1(F)+a_2S_2(F)+a_3S_3(F)+a_4S_4(F)$$

（3）计算各评价因素的相对值。

①快速性。运输方式的快速性由运输时间决定。设三种运输方式的运输时间为$H(R)$、$H(T)$、$H(F)$，求其平均值，其计算公式如下：

$$H=\frac{H(R)+H(T)+H(F)}{3}$$

然后分别求三种运输方式快速性的相对值：

$$S_1(R)=\frac{H(R)}{H},\ S_1(T)=\frac{H(T)}{H},\ S_1(F)=\frac{H(F)}{H}$$

②用类似的方法求出其他因素的相对值。

经济性：

$$S_2(R)=\frac{C(R)}{C},\quad S_2(T)=\frac{C(T)}{C},\quad S_2(F)=\frac{C(F)}{C}$$

安全性：

$$S_3(R)=\frac{V(R)}{V},\quad S_3(T)=\frac{V(T)}{V},\quad S_3(F)=\frac{V(F)}{V}$$

便利性：

$$S_4(R)=\frac{D(R)}{D},\quad S_4(T)=\frac{D(T)}{D},\quad S_4(F)=\frac{D(F)}{D}$$

（4）综合评价和选择。综合评价时，企业应先结合所运送货物的特点，并听取实际工作者的意见，确定各评价因素的权数大小；再将权数和上个步骤中的各因素的评价值代入第二步建立的各种运输方式的综合评价值公式中求解，最后选取综合评价值最大的运输方式进行运输。

合理、恰当的运输方式不仅能降低企业的物流成本，还能提高物流服务满意度。

关键点提示

选择恰当运输方式的过程有以下两步：

1.明确各种运输方式的特点和适用范围；2.量化运输方式选择。

4.16　如何通过合理装载降低运输成本

工作场景描述

当要避免装载浪费，想通过合理装载降低运输成本时，可查看。

解读与分析

在运输费用一定时，通过改善装载方式，提高装载水平，充分利用运输车辆的容积和额定载重量，可以使单位运输成本降低，最终减少总运输成本。合理装载的方式有以下几种。

1. 拼装整车运输

整车运输和零担运输运价相差较大，企业进行拼装整车运输可以减少一部分运输费用。拼装整车运输的做法有以下几种。

（1）零担货物拼整车直达运输。

（2）零担货物拼整车直达或中转分运。

（3）整车分卸。

（4）整车零担。

2. 轻重配装

企业将重量大、体积小的货物与重量小、体积大的货物组装，可充分利用运输工具的装载空间和载重定额，提高运输工具的使用效率。

3. 解体运输

企业对体积大、笨重、不易装卸和易损坏的货物，可选择解体装车的方式，分别对部件进行包装，这样既能减小占据的空间，又易于装卸和搬运，可大幅度提高运输效率。例如，自行车之类的商品可以零件的形式进行运输，到达目标销售市场后再进行组装和销售。

4. 多样堆码

企业根据运输工具的货位情况、所运载货物的特点，采取不同的堆码方式，如骑缝装载、多层装载等，以便提高运输工具的装载量。

5. 减少空载

运输中经常存在回程空载现象。这样，运送同一批货物到同一地点，就多花了一倍费用。在运输工具回程前，应通过各种方式安排好回程的货物，尽可能利用回程车辆进行运输，以减少运输成本。

总之，企业通过充分利用运输工具的空间容量和承载能力，不仅可以降低单位运费，也能提高运输效率。

关键点提示

合理装载的方式有以下五种：

1.拼装整车运输；2.轻重配装；3.解体运输；4.多样堆码；5.减少空载。

4.17　如何优化运输方式

工作场景描述

当企业想优化运输方式时，可查看。

解读与分析

在日常运输活动中，企业采取一些优化运输的措施能极大地降低成本。优化运输的主要措施有以下几种。

1. 分区产销合理运输

分区产销合理运输，是一种选择优化运输路线的重要方法。在组织物流活动时，对于某种货物，使其一定的生产区固定于一定的消费区。根据产销情况和交通运输条件，按照“近产近销”的原则组织货物运输，使货物走最短的路程。这种方法适用于品种单一、规格简单、生产集中而消费分散、生产分散或消费集中、调运量大的货物。

2. 直达运输

企业在组织货物运输时，可以越过批发商等中转环节，把货物从产地或起运地直接运到目的地，以减少中间的作业环节，降低运输成本。

3. 直拨运输

商业和物资批发企业在组织货物调运时，对于当地生产或由外地调达的货物，不是运到批发仓库，而是把货物直接分拨给市区基层批发店、零售店或用户。其主要做法如下。

（1）就厂直拨。

（2）就车站（码头）直拨。

（3）就库直拨。

（4）就车（船）直拨。

4. 流通加工后运输

有些产品由于形态和特性不同于一般产品，不适合直接运输。企业在对它们进行运输前，应该先经过适当的加工，以减小体积、重量，使运输合理化。

5. 计划运输

对运输时间和路线等事先做出计划安排，在运输时，选择最佳运输路线和最佳运输时间，避开交通高峰期及交通拥挤地段，以降低运输成本。

以上所列的是基本的优化运输措施，企业可以根据经营特点、产品特征和运输状况，找到适合自身特点的运输方式。

关键点提示

优化运输的主要措施有以下五种：

1.分区产销合理运输；2.直达运输；3.直拨运输；4.流通加工后运输；5.计划运输。

4.18 如何应用现代技术降低运输成本

工作场景描述

当企业想应用现代技术降低运输成本时，可查看。

解读与分析

随着科技日新月异的发展，各种新技术在实践中不断得到应用。而新技术在运输领域应用的增加，有力地降低了运输成本。现代运输技术主要有如下几种。

1. 综合一贯制运输

综合一贯制运输，指把货车的机动灵活和铁路、海运的成本低廉以及飞机的快速等特点组合起来，完成门到门运输的运输形式。通过综合一贯制运输，可以使各种运输方式优势互补，实现运输的效率化、费用低廉化，缩短运输时间。

2. 托盘化运输

全程以托盘作为单元货载进行运输，可以缩短运输中转时间、加快中转速度，同时可以提高实际操作的可靠性和机械化程度。

推行托盘化运输的要点如下。

（1）需要发货单位、物流业者和托盘租赁业者共同努力。

（2）公正地分配有关投资费用和收益。

（3）确立防止货物散落崩塌的对策。

（4）设立共同回收机构。

（5）提高装载率。

（6）采用标准托盘。

（7）普及叉车的使用，提高收货单位的作业效率；对于订货单位，则要求以托盘单元或面积单位订货。

（8）促使运输车辆改变型号，使之适用于托盘运输。

（9）统一物流机器设备和规格，机具应相互配套。

3. 集装箱运输

集装箱作为现代运输的重要载体，既是一种包装容器，又是一种运输工具。企业通过集装箱运输，既可以提高装载效率，减轻劳动强度；也可以起到强大的外包装作用，为企业节约大量商品包装费用和检验费用，并防止货损货差。

4.特殊运输工具和运输技术

新运输技术和运输工具的运用，解决了原先运输中的许多难题。例如，专用散装罐车使粉状、液状物运输损耗大和安全性差等问题得到了解决；而集装箱高速直达车船则加快了运输速度。

运输技术正在迅速发展，企业利用现代先进的运输方式和技术，可以大大降低物流成本。

关键点提示

现代运输技术有以下四种：

1.综合一贯制运输；2.托盘化运输；3.集装箱运输；4.特殊运输工具和运输技术。

4.19 如何优化运输路线

工作场景描述

当存在重复运输、迂回运输，想优化运输路线时，可查看。

解读与分析

不合理运输（如重复运输、迂回运输）的存在，造成了运力浪费，增加了不必要的运输成本。而优化运输路线可减少不合理运输，降低运输成本。优化运输路线的方法主要有以下几种。

1. 线性规划法

线性规划法是在运价已知、路程已知的条件下，对 m 个商品生产地和 n 个商品销售地的商品运输建立数学模型，利用单纯形法求解，以使满足条件的总运费最小。数学模型可分为供需平衡模型和供需不平衡模型。

2. 图表分析作业法

图表分析作业法分为图表分析法和图上作业法两种。两种方法都是先在图上标注出货物运出地、运入地、调运量及两地之间的距离，然后根据就近供应原则，在图上制订商品调运方案，并不断判优、调整，使运输总路程最短，最后将结果填入商品调运平衡表。

图表分析法适用于产销区域小、产销点少和产销关系比较简单的情况。

3. 表上作业法

表上作业法是已知各地单位运价和各产销地供需量，在表上求解，使总运费最低的调运方案。初始调运方案可根据最小费用（运价）法编制，然后进行判优、调整，直到找到总运费最低的方案。

4. 节约里程法

节约里程法依据的原理是巡回送货总路程小于为每个客户单独送货的总路程。首先计算各目的地相互间的最短距离，接着计算各目的地的节约里程，并按节约里程大小排序，进而组合成配送路线，然后再进行调整，直至得出最优调运方案。

运输路线的制订受道路状况、停留时间等许多因素的影响，最终确定的调运方案还需要征求司机和现场工作人员的意见才可实施。

不合理运输主要有以下几种。

（1）对流运输。将A地货物运到B地，又存在将B地同种货物运到A地的现象。对流运输是不合理运输中最突出、最普遍的一种。

（2）迂回运输。因路线选择不当，比最优路线多走了路程。也存在因道路施工、事故等因素被迫绕道的情况。

（3）重复运输。可以直线运输的货物经过不必要的中转。这增加了货物损耗和出入库手续，造成物流时间增长、运费增加。

（4）过远运输。即长距离运输。过远运输在运输总量中占相当大的比重，一般发生在木材和建筑材料的运输上。

（5）无效运输。即不必要运输。由于货物本身的品质，浪费了大量的运输能力。无效运输可通过先行流通加工得以解决。

关键点提示

优化运输路线的方法主要有以下四种：

1.线性规划法；2.图表分析作业法；3.表上作业法；4.节约里程法。

4.20 如何减少运输事故损失

工作场景描述

当企业想减少运输事故损失时，可查看。

解读与分析

运输途中，有可能发生货物丢失、货物变质的现象，甚至出现事故，这些都会造成运输成本不必要的增加，因此对运输事故的关注十分必要。

1. 日常防范

企业在运输管理中要做好事故防范工作。例如，聘用有驾驶证的司机，避免司机疲劳驾驶，定期检查、修理运输工具等。

2. 购买保险

运输事故风险是客观存在的，它可能导致经济损失甚至人身伤亡。购买保险是风险转移的最佳途径。企业可以购买的运输保险有：水上货物运输保险、陆上货物运输保险、航空货物运输保险和特种货物运输保险。一旦发生事故，企业就可以得到保险公司的赔偿。

3. 积极理赔

（1）向保险公司理赔。当保险的财物发生损失或者人身发生伤亡时，企业可以要求保险公司赔款或者支付保险金。向保险公司理赔的具体过程如下。

①事故发生后，应立即以最快的方式通知保险公司或其代理人。

②向保险公司提供运输货物的发票、提单、装箱单和修理单据等。

③等待保险公司对事故进行审核、赔偿。

④在此期间，要经常与保险公司保持联系。

（2）承运人理赔。向承运人理赔的具体过程如下。

①向承运人要求货运事故赔偿的，在收到货运记录次日起180天内提出索赔书。

②提交货物运单、货物损失清单、价格证明文件，保价运输物品还需额外附声明价格的物品清单，要求退还运费的还应附运杂费收据。

③对货物发生损坏、丢失进行事故检查或鉴定，判明发生的原因和损坏的程度。

④铁路理赔一般在对方收到书面赔偿要求的次日起30日内（跨及两个铁路局以运输货物的为60日）得到答复；公路和水路理赔一般在对方收到书面赔偿要求的次日起60天内得到答复。

减少运输事故损失重在预防，所以企业应做好日常预防工作。如果事故发生了，也要积极理赔，以减少损失。

关键点提示

减少运输事故损失的措施包括以下三项：

1.日常防范；2.购买保险；3.积极理赔。

4.21　如何进行装卸搬运成本计算

工作场景描述

当企业想进行装卸搬运成本计算时，可查看。

解读与分析

在企业的车间、站台和仓库中都存在装卸搬运活动，装卸搬运活动是各项物流活动中出现频率最高的一项作业。因此，企业应对装卸搬运成本计算给予重视。

1. 计算对象

装卸搬运成本的计算对象需视具体情况而定：如以机械装卸作业为主、人工装卸作业为辅，可以不单独计算人工装卸成本；如以人工装卸作业为主、机械装卸作业为辅，可以不单独计算机械装卸成本。当然，有时也可将两者分别计算。

2. 计算单位

装卸搬运活动的计算单位有装卸自然吨和装卸操作吨两种。一装卸自然吨是指1t货物不论经过几个操作过程，均以1t计算。一装卸操作吨是指一个完整的操作过程所装卸、搬运的1t货物。

3. 计算内容及方法

装卸搬运成本包含的内容与运输成本类似，各成本项目的计算方法如下。

（1）工资和职工福利费。指按规定支付给装卸搬运工人、装卸机械司机的计时工资、计件工资以及按工资总额计提的职工福利费等。工资和职工福利费根据工资和福利费分配表中有关装卸搬运的部分计入装卸搬运成本。

（2）燃料和动力费用。指装卸机械在运行和操作过程中所耗用的燃料、动力和电力等费用。燃料费用在月末根据领用燃料记录，计算实际消耗数量和金额；动力费用则根据收费单或企业分配单直接计入装卸搬运成本。

（3）轮胎费用。指装卸搬运机械领用的外胎、内胎、垫带费用，轮胎翻新费和零星修补费。轮胎费用按实际领用数和发生数计入成本。如一次领用轮胎数较多，可在一年内分月计入成本。

（4）修理费。指对装卸机械和装卸工具进行维修、小修所发生的工料费与大修费用。其中，由专职装卸机械维修工进行维修的工料费直接计入装卸搬运成本；对于其他情况需要通过分析，将有关装卸搬运的部分计入装卸搬运成本；耗用的机油、润滑油等在月末按领料单直接计入装卸成本。

（5）折旧费。指装卸搬运机械按规定方法计提的折旧费。可直接引入财务会计的相应装卸搬运机械设备的折旧费，计入装卸搬运成本。

（6）工具和劳保费用。指装卸机械耗用的工具费和使用的劳动保护用品、防暑、防寒等发生的各项费用。工具和劳保费用在领用时按实际数额一次计入成本。

（7）事故费。指在进行装卸搬运作业时，为发生货物破损、货物差错损失和装卸搬运设备损坏所支付的修理费。事故费应将本期负担的净损失计入成本。

（8）其他费用。指属于装卸搬运基层单位直接开支的费用，在发生和支付时直接计入装卸搬运成本。

4. 总成本和单位成本计算

将计算期内各装卸搬运成本计算对象的成本加以汇总即得出总成本，再除以计算单位的数量，就得出单位装卸搬运成本。企业可能存在外付装卸费的现象，只需直接将实际交易费计入企业装卸成本即可。

5. 装卸搬运工资计算

在实行计件工资制时，应付工人的计件工资等于工人装卸搬运完成的合格品数量与计件单价的乘积。工人在作业中发生的货损货差，如果是因工作不慎造成的，则不必支付工资。如果工人在同一月内进行多种作业，各种作业单价不同，需要逐一计算相加。如果实行班组集体计件工资按每人贡献大小进行分配的制度，通常先算出工资分配率，再乘以工人的日工资率和出勤天数，就可以计算出该工人的工资。

关键点提示

装卸搬运成本计算包括以下五点：

1.计算对象；2.计算单位；3.计算内容及方法；4.总成本和单位成本计算；5.装卸搬运工资计算。

4.22 如何选择恰当的分拣配货方法

工作场景描述

当为客户分拣配货，想知道哪种方法有利于提高效率、减少成本时，可查看。

解读与分析

分拣配货作业是拣选人员或拣选工具巡回于各个储存点间，将所需的物品取出，完成货物配备的方式。不同分拣配货法的特点和适用范围不同，如果同一作业采用不同的分拣配货法，很可能导致不同的分拣配货成本。因此，企业必须选择恰当的分拣配货方法进行作业，这也是降低装卸搬运成本的途径之一。

1. 认识不同分拣配货法的特点

（1）拣选式配货法。使用拣选式配货作业按单拣选，一单一拣，准确率高，不容易发生货差等错误，且具有灵活性、机动性。

（2）分货式配货法。即分拣人员或分货工具从储存点集中取出各个用户共同需求的货物，再将这些货物按各用户需求量进行分配。当所需货物全部分配完毕时，也就同时完成了多个用户的配货工作。这种方法需要较强的计划性，虽然容易发生货物差错，但是具有规模效益。

（3）分拣式配货法。即分拣人员或分货工具从储存点集中取出各个用户共同或非共同需要的多种货物，然后巡回于各用户的货位间，按用户需要的种类和数量进行分配，同时完成多个用户的配货工作。这种方法是将拣选式和分货式一体化的配货方法，综合了两者的优点。

（4）自动分拣式配货法。该方法建立在信息化的基础上，由控制装置、分类装置、输送装置和分拣道口组成。因自动分拣式配货法属于自动化、无人操作分拣作业，所以误差较小，且不受气候、时间和体力等因素限制，使其能够连续作业，工作效率最高。

2. 分析各分拣配货法的适用范围

（1）拣选式配货法。主要适用于以下几种情形。

①用户不稳定、波动较大，不能建立相对稳定的用户分货货位。

②用户间需求差异较大，共同需求小。

③用户需求的种类太多，统计和共同取货的难度大。

④用户要求的配送时间不同。

（2）分货式配货法。主要适用于以下几种情形。

①用户稳定且数量较多，可建立稳定的用户分货货位。

②用户需求有很高的共同性，差异较小。

③用户需求的种类有限，易于统计，分货时间不太长。

④用户要求的配送时间没有严格的限制。

（3）分拣式配货法。主要适用于以下几种情形。

①需配备的货物掺杂、混乱。

②从上一级物流中心或大的配送中心进货，需要为若干个用户配备不同种类的货物。

（4）自动分拣式配货法。主要适用于以下几种情形。

①货物底部平坦、有刚性。

②货物包装和分拣设备符合标准化要求。

③有较大的作业量。

超薄、超重、易变形、易破损和不允许倾覆的货物不允许使用自动分拣配货法。

3. 选择适当的分拣配货法

企业应根据四种分拣配货法的特点和适用范围，结合自身作业的特点和需要，选择恰当的方法进行分拣配货。企业选择合理、恰当的分拣配货法，不仅能够节约人力和设备的作业时间，提高工作效率，带来较高的物流服务水平，还能降低物流成本。

企业的装卸搬运活动按作业场所不同，大致分为以下几种类型。

（1）车间装卸搬运。指在企业车间各道工序间进行的各种装卸搬运活动，如原材料、半成品、产成品的取放、分拣、堆码和输送等作业。

（2）站台装卸搬运。指在企业车间中或仓库外的站台上进行的各种装卸搬运活动，如装车和卸车等。

（3）仓库装卸搬运。指在仓库、堆场和物流中心等进行的装卸搬运活动，如堆码取拆、分拣配货、挪动和移位等。

关键点提示

选择恰当的分拣配货方法的过程如下：

1.认识不同分拣配货法的特点；2.分析各分拣配货法的适用范围；3.选择适当的分拣配货法。

4.23 如何计算装卸搬运设备的购置费用

工作场景描述

当需要计算装卸搬运设备的购置费用时，可查看。

解读与分析

装卸搬运机械设备投资费用，是指平均每年装卸机械设备投资的综合与相应的每台机械在1年内完成装卸作业量之比。

装卸搬运设备的选择、购置与装卸搬运设备作业时发生的费用存在很大关系，如影响设备的折旧费、运行费等。购置装卸搬运设备时，需要分析以下费用：

1. 装卸搬运设备投资费用

用公式表示为：

$$S_c=\frac{S_t}{365G}$$

式中，S_c为装卸搬运机械设备投资费用；S_t为平均每年装卸搬运设备的总投资（下同）；G为装卸搬运设备平均每日装卸作业量。

平均每年装卸搬运设备的总投资由装卸搬运设备的购置费用、安装费用和与设备直接有关的附属费用构成。用公式表示为：

$$S_j=(S_j+S_z)K+S_f K$$

式中，S_j为装卸搬运设备的购置费用；S_z为设备安装费用；K为各项设备的基本折旧率；S_f为附属费用，包括车库、充电设备和起重运行轨道等方面的费用。

2. 装卸搬运设备运营费用

装卸搬运设备运营费用是指在某一种装卸搬运设备作业现场，1年内运营投资总费用与设备完成作业量之比。用公式表示为：

$$S_y=\frac{S}{S_n}$$

式中，S_y为装卸每吨货物支出的运营费用；S_n为装卸搬运设备年作业量；S为1年内运营投资总费用（下同）。

运营投资总费用包括有关装卸搬运活动的维修费用、工资费用、燃料和动力费用及照明费用等。

3. 装卸作业成本

装卸作业成本是指在某一作业现场，装卸搬运设备每装卸一吨货物所支出的费用。它用每年平均的设备投资支出和运营费用支出之和与装卸搬运设备每年完成的装卸总吨数的比值表示：

$$S_b=\frac{S_t+S}{G_n}$$

式中，S_b为装卸1吨货物的作业成本；G_n为装卸搬运设备每年完成的装卸总吨数。

不同装卸搬运设备具有不同的投资费用、运营费用和作业成本。因此，在购置装卸搬运设备时，企业要综合考虑各种费用水平，选择费用小的设备，从而减少装卸搬运成本。

装卸搬运设备的选择原则主要有以下几点。

（1）应根据不同类物品的装卸搬运特征和要求，合理选择具有相应技术特性的装卸搬运设备。

（2）应根据物流过程输送和存储作业的特点，合理选择装卸搬运设备。

（3）应根据运输和存储的具体条件与作业的需要，准确估计和评价装卸搬运设备的使用效益。

（4）应根据现场具体作业情况，选择合适的装卸搬运设备。

（5）在达到同样作业效能的前提下，应选择性能好、节省能源、便于维修、有利于环境保护和便于配套的装卸搬运设备。

关键点提示

计算装卸搬运设备购置费用时应考虑以下三点：

1.装卸搬运设备投资费用；2.装卸搬运设备运营费用；3.装卸作业成本。

4.24 如何进行装卸搬运系统经济性比较

工作场景描述

当想进行装卸搬运系统经济性比较时，可查看。

解读与分析

装卸搬运作业往往需要多台设备协同工作，这时，企业对装卸搬运系统的运营成本大小、占用资金多少的分析，就显得十分必要。

1. 综合费用比较法

综合费用比较法的原则是将综合费用最低的装卸搬运系统作为最优系统。

（1）计算各装卸搬运系统中各设备的作业成本，并求出各装卸搬运系统的作业总成本C。

（2）计算各装卸搬运系统的总效益或总利润L。

（3）将总成本和总利润进行比较。方案多时可采用两两比较法，最后得出最优方案。

2. 资金利润率法

当有些数据难以确定时，可采用资金利润率法进行分析。由于装卸搬运系统占用的主要是固定资金，流动资金少，因此，在具体比较时，用固定资金代替资金总额。资金利润率法用公式表示为：

$$r=L/(V_{设备}+V_{设施})$$

式中，r为资金利润率；L为装卸搬运系统年利润与税收支出的总和；$V_{设备}$为设备的投资总额，包括运输、保管等附属费用；$V_{设施}$为设施的投资总额，包括作业场、轨道等的投资费用。其中：

$$L=QK-D$$

式中，Q为年作业量；K为费率；D为年总支出，由设备和设施的大修费（维修费）、工人年工资总支出、年动力总支出和年管理费及其他杂费组成。

r 值越大，说明装卸搬运系统的经济效益越好，所以应选择r值大的装卸搬运系统。

无论采用哪种方法进行装卸搬运系统的经济性比较，都是以利润最大、总成本最低为原则。

装卸搬运作业通过计算基建投资、运营费用和作业成本来确定追加投资回收期，回收期小于国家标准规定的方案都是可行的。在可行方案中，标准回收期内折现支出（基本投资和标准回收期内运营费之和）或年折现费用最少的方案是最优的。对于大型和服务期限长的装卸搬运系统，企业一般采用动态分析法，将系统服务期限内各年度发生的费用都折算到计算基点进行比较；对于小型和服务期限短的装卸搬运系统，则采用静态法，比较的对象是收益、成本、投资利润率和投资回收期。

关键点提示

比较装卸搬运系统经济性的方法有两种：

1.综合费用比较法；2.资金利润率法。

4.25 如何优化装卸搬运作业

工作场景描述

当装卸搬运作业中存在不合理现象而导致成本增加，想对其进行优化时，可查看。

解读与分析

影响装卸搬运作业合理化的因素有作业次数、作业距离和货物活性等，企业如能从这些方面进行改善，可大大降低装卸搬运费用。

1. 减少次数

减少装卸搬运作业次数，也就减少了装卸搬运作业量，从而不但可以降低装卸搬运成本，而且能加快物流速度，减少场地占用和装卸搬运事故的发生。减少装卸搬运次数的措施如下。

（1）当厂房、库房等建筑物的结构类型、结构特点及建筑参数与装卸搬运设备相匹配时，能减少作业次数。

（2）如果各种物流设备配套好、适用性强，能减少作业次数。

（3）装卸搬运作业组织调度水平越高，越能减少作业次数。

2. 缩短距离

货物发生的水平位移由搬运作业实现，垂直位移由装卸作业实现。货物位移距离短，则能节省劳动消耗，缩短搬运时间，减少作业损耗。缩短装卸搬运距离的措施如下。

（1）车间、库房、铁路专用线、主要通路的布局处理得好，物流顺畅、便捷，能缩短作业距离。

（2）在平面布局一定时，高水平的组织工作能缩短作业距离。

3. 增强可运性

装卸搬运可运性是指进行装卸搬运作业的难易程度，可用玛格数来表示。玛格数是由货物的密度、形状、损伤危险性和价值因素以及其他因素确定的。玛格数降低，意味着装卸搬运作业可运性增强，作业容易度增加。

任意一种物品的玛格数均可用公式表示为：

$$M=A+\frac{1}{4}A(D+Z+Y+E+F)$$

式中，M为某种物品的玛格数；A为某种物品的基本玛格数值；D、Z、Y、E、F分别为物品的密度、形状、损伤危险性、其他因素和价值因素。

4. 实现省力化

要想减少劳动力和其他能源的消耗，实现装卸搬运作业的省力化，应遵循以下原则。

（1）将重力转化为促使货物移动的动力。

（2）设法将物体的重力所产生的阻力减至最小。

（3）按最经济原则制订作业动作标准。

5. 增强货物活性

一般设定散放在地面上的货物的活性程度为0，货物成捆或装入箱内的活性程度为1，货物置于托盘内的活性程度为2，货物置于搬运机械上的活性程度为3，货物处于搬运状态的活性程度为4。可以看出，活性程度越高，装卸搬运作业越容易。根据实际需要与可操作性，选择货物放置的适当方式，可以增强货物活性。

6. 选择恰当的作业机械、作业方式和作业方法

装卸搬运作业成本也受作业机械、作业方式和作业方法的影响，企业在选择作业机械、作业方式和作业方法时，应遵循以下原则。

（1）根据物流速度、劳动强度和经济合理性，选择相应的自动化机械。

（2）根据货物种类、性质和形状等，确定是以分块、散装的形式，还是运用托盘、集装箱进行作业。

（3）利用排队论和网络技术等方法改进装卸搬运的顺序、路线。

企业采取措施优化装卸搬运作业，不仅可以提高装卸搬运的作业效率，还可以减少各种耗费，降低装卸搬运成本。

关键点提示

优化装卸搬运作业的措施包括以下六项：

1.减少次数；2.缩短距离；3.增强可运性；4.实现省力化；5.增强货物活性；6.选择恰当的作业机械、作业方式和作业方法。

4.26 如何减少装卸搬运损失

工作场景描述

当企业想减少装卸搬运损失时，可查看。

解读与分析

装卸搬运是比较容易发生货损和事故的环节。对装卸搬运作业进行安全管理，既可防止货物损坏和人员伤亡事故，又可减少装卸搬运的事故损失成本。装卸搬运的安全管理可以从以下几方面着手。

1. 统一现场指挥

在装卸搬运作业现场的操作人员应听从统一指挥，要有明确规定的指挥信号，防止作业混乱。非作业人员不得在作业区内逗留。

2. 机械安全

在装卸搬运机械安全方面，有以下注意事项。

（1）机械运转前，必须认真检查。如果发现问题，必须修理完后才能使用。

（2）装卸搬运作业人员应明确工作任务，并参与制订作业程序。

（3）严格按设备规定的负载作业，不超载、不超速。

（4）操作起重机械时，绝对禁止将人和物一同吊运或提升。

（5）遇到停止信号时，不论是谁发出的，都应立即停止作业。

（6）为某些装卸搬运机械配备安全保险装置。

（7）采取有效的技术措施，采用使用与维修相结合的做法，从而保证装卸搬运机械一直处于良好状态。

3. 货物安全

在货物安全方面，有以下注意事项。

（1）在工序间运送或搬运货物时，应对易磕碰的货物关键部位进行适当的保护（如加保护套、保护罩等）。

（2）对精密、特殊产品，要防止装卸搬运过程中的震动以及温度和湿度等环境因素对货物产生的影响。

（3）对易燃、易爆或对人身安全有影响的产品，在装卸搬运作业中应有严格的控制程序。

（4）对有防震、防压等特殊要求的物品，在装卸搬运作业中要采取专门的防护措施，并加以明显的识别标记。

（5）注意包装上的标志，当发现货物包装有渗漏损坏时，必须立即对其进行修补。

（6）要特别注意货物的稳挂、稳吊、轻抬和轻放，以免造成变形、残损、散失或包装损坏。

4. 人员安全

在人员安全方面，有以下注意事项。

（1）对装卸搬运人员进行培训，使其掌握必要的作业规程和要求。

（2）作业人员应根据装卸搬运货物的特性，穿戴相应的防护用具。作业前，应由专业人员对防护用具进行检查，并在完工后对防护工具进行清洗和消毒。

（3）在进行危险品搬运时，操作人员不得进食和吸烟。完工后，操作人员必须淋浴、漱口。

（4）一旦遇到中毒情况，应立即将中毒者送至空气新鲜处休息，重者应立即送往医院。

（5）夏季作业应避开正午，冬季作业应注意防滑。

安全装卸搬运是安全生产的重要环节，减少装卸搬运过程中的货物损坏和事故损失，对减少装卸搬运费用具有重要意义。

关键点提示

减少装卸搬运损失的措施包括以下四项：

1.统一现场指挥；2.机械安全；3.货物安全；4.人员安全。

4.27 如何进行物流成本绩效评价

工作场景描述

当企业想进行物流成本绩效评价时，可查看。

解读与分析

在物流活动进行一段时间后，企业需要对成本效益情况进行评价，以便发现问题，及时反馈。物流成本绩效评价步骤如下。

1. 确定评价工作组织机构

评价工作组织机构负责组织实施评价活动，负责成立评价工作组。如果需要，评价工作组织机构还可选聘有关专家，将其作为评价工作的咨询顾问。参加评价工作的成员应具备以下基本条件。

（1）具有较丰富的物流管理、财务会计和资产管理等专业知识。

（2）熟悉物流成本绩效评价业务，有较强的综合分析判断能力。

（3）评价工作管理者应有较长时间的经济管理工作经历，并能坚持原则、秉公办事。

2. 制订评价工作方案

由评价工作组织机构负责制订评价工作方案，确定以下内容。

（1）评价对象。不同的企业可能具有不同的物流活动，因此必须先确定企业的具体物流环节，明确评价对象。当对物流企业进行成本绩效评价时，评价对象就是整个物流企业。

（2）评价目标。物流成本绩效评价目标是整个评价工作要达到的目的。不同的评价目标决定了不同的评价指标、评价标准和评价方法的选择，其报告形式也不相同。

（3）评价指标。评价指标是评价对象对应于评价目标的具体考核内容，是评价方案的重点和关键。评价指标主要分为物流作业评价指标和物流企业评价指标等。

（4）评价标准。物流成本绩效评价标准取决于它的评价目标，常用的评价标准有年度预算标准、竞争对手标准等。

（5）评价方法。有了评价指标和评价标准，管理者还需要采用一定的方法对评价指标和标准进行实际运用，以取得公正、合理的评价结果。在物流成本绩效评价中，常采用定量评价方法。

（6）报告形式。根据评价目标，确定最终需要形成的绩效报告形式，如成本服务报告、趋势报告等。

3. 收集和整理基础资料与数据

根据评价工作方案的要求及评分需要，企业收集、核实和整理基础资料与数据，包括各项具体物流作业的基础数据、其他企业的评价方法和评价标准以及企业以前年度的物流成本绩效评价的报告资料等。

4. 评价计分

这是绩效评价的关键步骤：根据评价工作方案确定的评价方法，利用收集、整理的资料与数据，计算评价指标的相关数值。

5. 编制报告

按评价工作方案确定的报告形式，填写相应的评价指标值，并对评价指标值进行分析，结合相关资料，得出评价结论。

6. 评价工作总结

将评价工作背景、时间和地点、基本情况、工作中的问题和工作建议等形成书面材料，建立评价工作档案。

在进行物流成本绩效评价的过程中，企业需要把握以下原则。

（1）成本与服务协调原则。即要使成本与花费这些成本所提供的服务数量、质量带来的收益相匹配。企业为客户花费的额外成本要分配到所提供的额外订单上，这样才能真正反映成本与服务的利益互换关系，从而确认和协调成本与收益，得出正确的评价结论。

（2）动态性原则。通过物流成本绩效评价，企业要能对未来情况进行预测，并做出对关键趋势的判断，在物流系统突然失去控制前，企业可以通过成本评价信息预见运作趋势的走向，并得出合理、正确的建议。

（3）例外性原则。物流活动涉及面广、内容繁多，企业应能通过物流成本绩效评价，及时发现例外情况的存在，并使之与其他活动区别开来，对需要解决的特定活动或作业进行更深入的评价。

企业按上述步骤和原则进行物流成本绩效评价，不仅可以发现问题、解决问题，还有助于企业做出正确的决策。

关键点提示

物流成本绩效评价分为以下六个步骤：

1.确定评价工作组织机构；2.制订评价工作方案；3.收集和整理基础资料与数据；4.评价计分；5.编制报告；6.评价工作总结。

4.28　如何应用物流成本绩效评价指标

工作场景描述

当企业想知道如何应用物流成本绩效评价指标时，可查看。

解读与分析

对物流成本进行绩效评价，自然需要使用各项指标。常见的指标有以下几项。

1. 物流成本的全面分析指标

计算出物流成本以后，企业可以计算以下各种分析指标，并利用这些指标来考察企业物流成本的实际状况。通过与同行业和其他行业进行比较，企业可以进一步了解自身的物流成本水平。

（1）单位销售额物流成本率。用公式表示为：

$$\text{单位销售额物流成本率}=\frac{\text{物流成本}}{\text{销售额}}\times 100\%$$

单位销售额物流成本率越高，则其对价格的弹性越弱，该比率受价格变动和交易条件变化的影响就越大。

（2）单位成本物流成本率。用公式表示为：

$$\text{单位成本物流成本率}=\frac{\text{物流成本}}{\text{总成本}}\times 100\%$$

这是考察物流成本占总成本比率的一个指标，一般用作企业内部的物流合理化目标或检查企业是否达到合理化目标的指标。这个比率受原材料价格变动和工厂设备折旧的影响较大。

（3）单位营业费用物流成本率。用公式表示为：

$$\text{单位营业费用物流成本率}=\frac{\text{物流成本}}{\text{销售费用}+\text{一般管理费用}}\times 100\%$$

通过物流成本占营业费用（销售费用+一般管理费用）的比率，企业可以得知物流成本所占的比重，而且这个比率不受制造成本变动的影响，得出的数值比较稳定，因此，适合作为企业物流合理化指标。

（4）物流职能成本率。用公式表示为：

$$物流职能成本率=\frac{物流职能成本}{物流总成本}\times 100\%$$

该指标可以明确包装、运输费、保管费、装卸费、流通加工费、信息流通费和物流管理费等各物流职能成本占物流总成本的比率。

（5）单位产品的物流成本。用公式表示为：

$$单位产品的物流成本=\frac{物流成本}{产品数量}$$

该指标是指单位产品的物流成本，它不受产品价格变化和交易条件变化的影响，可以比较准确地反映物流成本的实际变动情况和趋势，因此被广泛应用于企业物流内部管理。

2. 物流成本的详细分析

通过全面分析，企业可以了解物流成本的变化情况及变化趋势，但是企业还需要进一步按照职能分类，对物流成本进行详细的分析，然后提出物流成本变化的应对方案。通过对物流成本的详细分析、对指标进行序时分析，按企业内的部门、设施分类比较以及与同行业其他企业进行比较，企业就可以掌握物流成本的发展趋势及差异。

（1）运输活动指标。计算公式如下：

$$装载率=\frac{实际载重量}{标准载重量}\times 100\%$$

$$车辆开动率=\frac{月总开动次数}{车辆拥有台数}\times 100\%$$

$$运行周转率=\frac{月总运行次数}{车辆拥有台数}\times 100\%$$

$$单位车辆月行驶里程=\frac{月总行驶里程}{车辆拥有台数}$$

$$单位车辆行驶费=\frac{月实际行驶费}{月总行驶路程}$$

$$行驶费=修理费+内外胎费+油料费$$

$$单位运量运费=\frac{运输费}{运输总量}$$

$$损失率=\frac{经济损失之和}{运输业务收入}\times 100\%$$

或

$$损失率=\frac{经济损失之和}{发运抵达商品总价值}\times 100\%$$

（2）仓储活动指标。计算公式如下：

$$仓库利用率=\frac{库存商品实际数量或容积}{仓库应存数量或容积}\times 100\%$$

$$库存周转次数=\frac{年出库销售金额（数量）}{平均库存金额（数量）}$$

$$商品缺损率=\frac{期内商品缺损量}{期内商品总数}\times 100\%$$

$$缺货率=\frac{缺货次数}{顾客订货次数}\times 100\%$$

（3）装卸活动指标。计算公式如下：

$$单位人时工作量=\frac{总工作量}{装卸作业人时数}$$

$$装卸作业人时数=作业人数\times 作业时间$$

$$装卸效率=\frac{标准装卸作业人时数}{实际装卸作业人时数}$$

$$装卸设备开工率=\frac{装卸设备实际开动时间}{装卸作业人时数}\times 100\%$$

用以上指标考核、分析企业的工作业绩时，如果采取全面提高各项指标水平的措施，多数情况下是不会取得预期效果的。因此，相关人员需要考虑有关因素之间的“二律背反”关系，抓住重点，采取对策，这样才能实现总体物流成本目标。

综合分析判断法也是一种成本分析方法。它属于定性分析法，指分析人员按照独立、客观、公正的原则，利用其掌握的知识、经验和分析判断能力，参照既定的分析标准，从不同侧面对目前企业的成本状况进行质和量的分析，提出下一步成本改善的方向和策略。

关键点提示

物流成本绩效评价指标包括以下四项：

1.物流成本的全面分析指标；2.运输活动指标；3.仓储活动指标；4.装卸活动指标。

4.29 如何编制物流成本绩效报告

工作场景描述

当企业想编制物流成本绩效报告时，可查看。

解读与分析

在计算完物流成本后，企业需要编制物流成本报告，以便系统、扼要地反映物流成本经营绩效。物流成本绩效报告主要有以下三种。

1. 成本服务报告

根据物流成本评价的成本服务原则，需要明确物流成本与服务之间的关系，为此应编制成本服务报告。编制成本服务报告应从以下几方面着手。

（1）分拨物流成本。分拨物流成本包括运输成本、产成品的仓储成本、装卸搬运成本和订单处理成本等。其中，运输成本通常包括产成品的入库运输费、出库运输费、退货运费和延期交货运费；产成品的仓储成本包括产品持有成本、在途产品成本和存货过期成本等；仓库里的装卸搬运成本和工厂里的装卸搬运成本可根据需要分开计算；订单处理成本往往包括客户订单、库存订单处理成本和延期交货订单处理成本。

（2）采购物流成本。采购物流成本的构成与分拨物流成本类似，由运输成本、仓储成本和订单处理成本等组成。不过采购系统往往比分拨系统简单，成本种类也少些。

（3）客户服务水平。企业一般不能直接了解特定物流系统影响收入的过程，对客户服务水平只能以某些物理度量方法来代替经济上的度量。物理度量方法主要包括分拨和采购两个服务衡量指标。分拨服务衡量指标通常包括平均现货比率、正常条件下订单周转时间和延期交货订单周转时间等。采购服务衡量指标包括原材料缺货导致停工的时间占可用生产时间的百分比等。

成本服务报告反映了某一时期内，总实物采购成本、实物分拨成本和所达到的相应客户服务水平，提供了物流控制所需的某种类型的整体数据。

2. 趋势报告

成本服务报告不能反映物流活动效率和变化趋势，企业的物流管理层还需了解这方面的重要内容，因此需要编制趋势报告，主要步骤如下。

（1）选择用于反映物流活动成本绩效的指标，如运输活动指标和仓储活动指标等。

（2）根据需要，收集本期、上期或往年同期的数据。

（3）设计报表形式，填写报表。

趋势报告还可与同行或行业平均水平比较，这样能更清楚地评价企业的物流变化趋势。

3. 特别报告

在对物流活动进行分析和评价后，企业需针对成本服务报告和趋势报告中反映出的问题，做进一步的调查、研究，为改进工作编写特别报告。特别报告分为以下三类。

（1）为某个特定的运作态势提供详情的诊断报告。

（2）对现今或预期的问题，提供一个概括的选择性行动计划及相应结果的报告。该报告常由部门经理提出，并送交决策层管理者。

（3）关于政策修正的特别报告。一般由企业首席执行官指导或发起，内容基本包括超越物流领域的活动。特别报告须针对问题，选择系统中的某些数据进行编制，应能使管理层对内部和外部产生的变化作做出快速有效的反应。

关键点提示

物流成本绩效报告分为以下三种：

1.成本服务报告；2.趋势报告；3.特别报告。

4.30 如何最大限度地降低配送成本

工作场景描述

当企业打算最大限度地降低配送成本时，可查看。

解读与分析

配送活动不仅增加了产品价值，还有助于提高企业的综合竞争力。但完成配送活动需要付出配送成本。企业可以采取以下五种策略降低配送成本。

1. 标准化策略

标准化策略就是尽量减少因品种多变而导致的配送成本的增加，尽可能采用标准零部件和模块化产品。例如，服装制造商按统一规格生产服装，直到顾客购买时，才按顾客的胖瘦高矮来选择尺码。采用标准化策略，要求企业从产品设计之初，就站在消费者的立场去考虑怎样节省配送成本，而不是等到产品定型生产出来后才考虑采用何种方法降低配送成本。

2. 混合型策略

混合型策略是指配送业务一部分由企业自身完成，另一部分则外包给第三方物流来完成。尽管采用纯策略易形成一定的规模效益，并可使管理简化，但当产品存在品种多变、规格不一和销量不同等情况时，若企业采用纯策略的配送方式，在超出一定限度后，不仅不能取得规模效益，还会造成规模不经济。而采用混合策略，企业若能合理安排自身完成的配送与外包给第三方物流完成的配送的比例，则可使配送成本最低、效益最佳。

3. 差异化策略

差异化策略是指当企业拥有多种产品线时，不能对所有产品都按同一标准的服务水平来配送，而应按产品的特点、销售水平来设置不同的库存、不同的运输方式以及不同的存储地点。如果忽视产品的差异性，则会增加不必要的配送成本。

4. 合并策略

合并策略包含以下两个层次。

（1）配送方法上的合并。企业在安排车辆完成配送任务时，应充分利用车辆的容积和载重量，做到满载满装，这是降低配送成本的重要途径。由于产品品种繁多，不仅包装形态、储运性能不一，在容重方面也往往相差甚远。如果只装容重大的货物，往往是达到了载重量，但容积空余很多；而只装容重小的货物则恰好相反，看起来车装得很满，但实际上并未达到车辆载重量。这两种情况实际上都造成了浪费。实行合理的轻重配装，将容积大小不同的货物搭配装车，不但可以在载重方面达到满载，而且能充分利用车辆的有效容积，取得货物搭配装车的最优效果。

（2）共同配送。也称集中协作配送，是几个企业联合起来，共同利用同一配送设施进行配送的方式。其标准运作形式是：各配送主体以经营活动（或以资产为纽带）联合行动，在较大的地域内协调运作，共同为某一个或某几个客户提供系列化的配送服务。这种配送有两种情况：一种情况是中小型生产和零售企业之间分工合作实行共同配送，即同一行业或同一地区的中小型生产和零售企业，在单独进行配送时运输量少、效率低的情况下，进行联合配送；另一种情况是几个中小型配送中心之间，将某一地区用户所需的物资都集中起来，共同配送，提高配送工具的利用率。

5. 延迟策略

在传统的配送计划安排中，企业按照对未来市场需求的预测量来设置大多数的库存，这种做法存在预测风险，当预测量与实际需求量不符时，就会出现库存过多或过少的情况，从而增加配送成本。

延迟策略的基本思想，是对产品的外观、形状及其生产、组装和配送等各方面的具体要求，都尽可能推迟到接到顾客订单后再确定。一旦企业接到订单，就要快速做出反应，因此采用延迟策略的基本前提是信息传递速度要非常快。

一般来说，实施延迟策略的企业应在以下方面具备相应条件。

（1）产品特征。模块化程度高，产品价值密度大，有特定的外形，产品特征易于表述，定制后可改变产品的容积或重量。

（2）生产技术特征。模块化产品设计，设备智能化程度高，定制工艺与基本工艺差别不大。

（3）市场特征。产品生命周期短，销售波动性大，价格竞争激烈，市场变化大，产品的提前期短。

实施延迟策略常采用两种方式：形成延迟（或称生产延迟）和时间延迟（或称物流延迟）。因为配送中往往存在加工活动，所以企业实施配送延迟策略时，既可采用形成延迟方式，也可采用时间延迟方式。具体操作时，常常应用在诸如贴标签（形成延迟）、包装（形成延迟）、装配（形成延迟）和发送（时间延迟）等各个领域。

只有实现流畅的配送工作，才能使物流体系得以正常运转，而配送成本将的降低大大提高企业产品的竞争力。

关键点提示

降低配送成本的策略有：

1.标准化策略；2.混合型策略；3.差异化策略；4.合并策略；5.延迟策略。

第5章

物流运营管理常见问题

因企业的物流活动深入组织的各个环节中，这就要求物流服务组织不但能够设计出符合企业特征和满足物流管理需要的组织结构，还应当能够协调企业物流部门与其他各职能部门的关系，以实现物流活动的整体最优。

5.1　如何制订物流战略

工作场景描述

当企业制订物流战略时，可查看。

解读与分析

企业在设计物流系统时，应站在企业整体及供应链的角度，制订和部署物流战略。一般来讲，可供选择的战略主要有以下几种。

1. 单一工厂，单一市场

这些单一工厂通常设在所服务市场的中心位置，这样可以节省大量的运费。但是，如果将其设在离市场较远的地方，却可能获得低廉的土地、劳动力、能源和原材料。因此，单一工厂的选址要根据实际情况综合考虑，不能一概而论。

2. 单一工厂，多个市场

（1）直接运送产品给顾客。此时应考虑该产品的特性（如易腐性和季节性）、所需运费与成本、顾客订货数量与重量、地理位置与方向。直接运送鲜活产品及季节性的商品，如果顾客居住得较为分散且订购量又小，从成本上讲显然不合算。

（2）大批整车运送到靠近市场的仓库。与直运相比，将成品大批运送到靠近市场的仓库，再从那里采用将每一份订单产品运送给顾客的方式，要比直运费用少，同时能克服生产和消费周期的不一致性，及时地向就近顾客提供送货服务，提高顾客惠顾率，及时应对市场的变化。

一般而言，如果增加新地区仓储所节约的运费与所能增加的顾客为企业带来的利益之和大于建立仓储设施所增加的成本，那么就应在这一地区增设仓储设施。至于增加仓储的方式是租赁还是自建，则需要依具体情况而定。租赁方式的弹性较大、风险较小，在多数情况下比较有利；而当市场规模很大且产品的市场需求稳定时，自建仓库才更有意义。

（3）将零件运到靠近市场的装配分厂。建立装配分厂的最大好处是运费较低，有利于增加销售额；不利之处是会增加资金成本和固定的维持费用。建厂前，必须考虑该地区未来的销售量是否稳定，以及数量是否会多到足以保证投入这些固定成本后仍有利可图。

（4）建立地区性仓库。在诸多因素中，最重要的是该行业必须具有大规模生产的经济性，在需要大量投资的行业中，工厂规模必须足够大，才能建立地区性仓库。

3. 多个工厂，多个市场

企业有两种选择目标：一是短期最佳化，即在既定的工厂和仓库位置上，制订一系列由工厂到仓库的运输方案，使运输成本最低；二是长期最佳化，即确定设备的数量与区域，使总的分配成本最低。达到短期最佳化目标的有效工具是线性规划技术，而达到长期最佳化目标的有效工具是系统模拟技术。

选择物流战略时，不仅应审慎地估计目前各战略的投资成本，更需从长远愿景的角度考虑未来各战略的投资成本，从而使二者有机结合，达到效果最优。

关键点提示

可供选择的物流战略有以下三种：

1.单一工厂，单一市场；2.单一工厂，多个市场；3.多个工厂，多个市场。

5.2 如何做好仓储管理

工作场景描述

当企业想知道如何做好仓储管理时，可查看。

解读与分析

现代仓储的功能已不仅仅限于保管，随着仓储功能的不断增多，仓储管理的工作量也相应地加大了。

1. 确定最佳仓库数量

仓库数量多，就意味着企业能够较快地将货物传送给最终用户，但是仓储成本也将相应地增加。因此，企业必须确定最佳仓库数量，以使其服务水平和分销成本达到平衡。

2. 选择仓库的最佳位置

仓库的位置是靠近厂家、经销商，还是消费者？仓库位置的选择需要考虑运输费用、当地物价等各种因素。仓库的最佳位置一般为分销渠道的核心点或者交通集散地。

3. 选择仓库的类型

企业应自建仓库，还是租用公共仓库？前者可以比较准确地把握服务水平，但需要一定的建设资金；后者的管理比较专业化，在设备、技术上占有优势，但易受制于人，无法准确核算仓储成本。当租用仓库时，可选择的仓库包括私人仓库、公共仓库、储备仓库、中转仓库、旧式的多层建筑仓库以及新式的单层自动化仓库等。

4. 确定仓储点的货物存量

每个仓储点的货物存量应根据当地的销量、重要性及管理成本而定。库存量一般由区域市场分销网络的大小来决定，通常遵循“1.5倍仓储原则”，即库存量是销量的1.5倍。

5. 仓储内部管理

仓储内部管理主要包括货物的装卸、保管、包装、分类、粗加工、装箱、调配、发送、防火、防盗和防潮等各方面的工作。

关键点提示

仓储管理的内容有以下五个方面：

1.确定最佳仓库数量；2.选择仓库的最佳位置；3.选择仓库的类型；4.确定仓储点的货物存量；5.仓储内部管理。

5.3 如何进行物流绩效考核

工作场景描述

当企业进行物流绩效考核时，可查看。

解读与分析

物流部门的绩效考核主要有以下几方面内容。

1. 供应链作业能力考核

（1）供应链统一。企业应努力统一、协调供应链作业的各个环节，使最终客户有极高的满意度，这就要求物流角色专一、利益分享、物流渠道贯通。

（2）信息技术。信息技术是应用硬件、软件与网络，对物流信息做进一步的优化，强调可变性、整合性。

（3）信息分享。信息分享是在功能部分，与供应链伙伴之间交换物流战略与战术数据，强调物流、财务信息分享的形式与比例。

（4）联系。联系是关于交换和应用信息的能力。

（5）标准化。标准化是关于不断寻找物流实践在组织之间共同应用的能力，要求其与行业标准相符。

（6）简化。简化是减少物流过程和关系的复杂性。

（7）纪律。纪律是取得高水平，力求达到标准化与简单化，追求共同的作业方针与程序。

2. 企业物流绩效考核

（1）物流成本率。当物流部门独立成为利润中心之后，物流成本更直接地与产品事业部或销售部门挂钩。考核产品事业部或销售部门所发生的物流成本时，企业物流绩效的最直接有效的衡量指标是物流成本率。

（2）库存周转率。库存周转率数值越高，说明产品的销售情况越好，库存占压资金越少。以食品企业为例，国内食品企业销量数据和库存数据表明，多数食品企业的一般库存周转率具有较高的水平。

（3）订货的满足率。即对于顾客订单中所需要的货物，现有的库存能够履行订单的比率。各配送中心的存货应该达到95%的满足率，而仅通过调货来补充配送中心库存的方式，常常较难达到这个比率。

（4）订单与交货的一致性。无论是在生产型企业，还是服务型企业中，订单与交货的一致性都被认为是最重要的因素。主要的作业指标是无误交货率。在实际操作中，企业应该切实保证按照客户的订单要求来发货。如果企业不按照顾客的订单发货，就会有损企业的形象。因此在发货前，企业必须根据顾客的订单反复核实所发货物是否完全符合顾客的要求。从这个角度来说，企业在配送中心设立订单管理员这个职位就非常有必要。有专人从源头来跟踪和保证订单传输的准确与高效，降低订单的出错概率，将极大地提高企业的服务水平，并在顾客的心中树立起良好的企业形象。

（5）交货的及时率。目前，很多产品可以达到次日交货。其短途解决方案是通过设立区域配送中心，针对重点城市和地区的、有能力接整车的一级批发商和二级批发商进行直运，在其他省份设立二次分拨中心，来支持县、乡、镇等地区开展深度分销策略，进行更小批量的配送。

（6）货物的破损率。这个指标用来衡量在向顾客配送过程中货物的破损率，一般最高限额是5%，破损情况大多是在货物的装卸过程中发生的。在出货高峰期，往往会由于没有足够的装卸力量而导致发货速度慢和破损率较高，有效的解决方式是配送中心租用叉车等机械工具来降低破损率，提高装卸速度。

（7）投诉次数。承运商帮助企业将货物送达客户，所以其运货工作质量的好坏，在很大程度上代表着企业形象的好坏。在这一过程中，企业提供尽可能多的服务，将有利于提高顾客对企业的忠诚度，但配送中心反映顾客投诉最多的问题还是承运商在和顾客交接过程中服务没有到位。针对客户的投诉，企业应该细化和承运商的服务协议，在协议中明确帮助卸货、到货前通知顾客、代收货款和代收退货等基本服务。

3. 物流部门绩效考核

作为一个利润中心，物流部门的绩效考核主要是对物流销售收益和客户服务水平的考核。

（1）物流部门收益考核。收益考核包括对物流毛收益、物流费用率、物流部门收益和物流费用增长率等方面的考核。虽然物流部门利润贡献的最直接衡量指标是销售收益，但为了达到降低物流成本的目的，物流销售收益必须是在一定物流费用率下进行衡量的，超过规定的物流费用率，部门收益需要打折扣（这里的物流费用只包括运输、仓储和管理等费用，不包括存货成本）。如果实际物流费用率比标准费用率高出很多，超过权重上限，则物流部门收益为零，甚至为负数。物流费用率的制订采用目标期望法，为达到费用率逐年降低的目标，可将去年的物流费用率作为确定本年度物流费用率的基础，同时排除能源、劳动力的价格上涨或下跌和交通法规等各种因素变化的影响。

物流部门与产品事业部的物流费用结算，初期按照实际发生的物流费用来计量，在形成一个稳定的产品运距预算后，则按照产品运距计量。

（2）运营费用比率。该指标可作为物流部门的考核指标，也可作为物流部门考核配送中心的指标。

总之，物流绩效的管理是以物流服务为核心，并建立在对供应链成本和最终客户满意度的灵敏性进行分析的基础上。

关键点提示

物流绩效考核主要包括以下三个方面内容：

1.供应链作业能力考核；2.企业物流绩效考核；3.物流部门绩效考核。

5.4 如何准确订货

工作场景描述

当企业与经销商确定订货量时，可查看。

解读与分析

企业既要避免断货的情况发生，又要降低库存成本，那么，如何妥善地调节这一矛盾呢？答案是尽量准确地确定订货数量。企业确定订货数量时一般有以下三种方法。

1. 自然管理法

自然管理法是顺其自然，由经销商来确定业务量，报多少算多少，而经销商主要是凭感觉和经验下订单。

2. 经验管理法

企业根据去年同期的销量和现有库存情况凭经验判断进行订货管理。例如，去年销量为10 000件，而现有库存为8 000件，那么就要进2 000～5 000件货物。企业采取经验管理法的同时还要考虑当年市场的情况，如果总体销售情况比上一年好，那么订货量就要比上一年销量多。

3. 动态管理法

它主要是PDCA循环式计划的动态管理法。第一步是计划，即制订事前的销售计划和下一阶段的订货计划，并尽量使其准确；第二步是执行，即根据计划认真落实；第三步是检查，即检查计划执行的情况，看是否到位；第四步是调整，即根据实际情况对原来的计划进行客观的调整。如此动态地反复，也就使计划在动态中循环而更符合实际情况了。

PDCA循环具体运用在订单的优化管理上时，企业不仅要学会制订要货计划，考虑ABC商品分类管理法和合理控制库存的各种重要因素，力求准确，还要动态地管理订单，根据业务员的实地市场调研，了解并掌握二级批发商、零售商的库存情况、近期商品的动销走势、竞争产品的市场政策和市场需求总量所占的比例等各种情况，对订单进行动态调整和必要的管理。

关键点提示

确定订货数量的方法有以下三种：

1.自然管理法；2.经验管理法；3.动态管理法。

5.5 如何确定适当的存货量

工作场景描述

当企业想确定适当的库存量时，可查看。

解读与分析

无论是厂家，还是经销商，都希望保持适当的存货量，以备不时之需。然而，存货量究竟达到多少才是“适当”的，要想解决好这个问题，企业可以参考以下几种方法。

1. 正常库存控制数法

其计算公式为：

合理的正常库存控制数=日销量平均数×（订单间隔天数+运输途中天数）+日最低安全库存量

虽然有正常库存控制数公式，但其结果仅仅是一个参考值，在实际工作中，企业还应考虑以下几个因素。

（1）二级批发商和零售终端的两种库存情况。如果把经销商的库存比喻为水库，那么二级批发商的仓库就是小水库，零售终端的仓库就是水箱。二级批发商和零售商的正常库存控制数的计算方法同上，同时，由于订货和送达周期以及日平均销量等不确定性因素的影响，一般需要加上20%左右的浮动数。经销商不能只计算自己的库存量，还要计算二级批发商、零售商的总体库存量，然后再根据总体库存量来调整自身的库存量。

（2）季节和政策造成的压库。如果遇到国庆节等长假，经销商必须考虑节假日的天气情况，天气好可能是正常销量的2～3倍，天气不好可能是平时的1.5倍。节前二级批发商、零售商库存是否已经准备充足，假期内厂家是否可以正常订货发送，运输途中时间是否会加长等各种因素都要考虑在库存数的调整幅度范围内。

若在某一时期厂家有订货优惠政策，这时经销商就需要多订货，虽然超出正常的库存数，但只要是在力所能及的范围内就可以多订，同时要留有足够的余地，不能盲目贪多，以防因政策或市场有变而造成产品的积压。

2.ABC 分类库存管理法

在众多的库存商品中，不是所有商品的比重和管理方法都是相同的，根据“二八定律”，一般规律是：把仅占销量20%却占销售利润80%的商品归为A类商品；把占销量40%~60%且仅占销售利润15%的商品归为B类商品；把占销量30%~40%且仅占销售利润5%的商品归为C类商品。

虽然不同的行业、不同的市场，并不一定都严格按照上述的比例，但是企业依然可以参考这种方法，对商品进行ABC分类库存管理，在进货资金的倾斜上、在库存商品的数量上进行协调和优化。另外，在库存商品的摆放上，A类商品应摆放在进出最方便的地方。

3.1.5 倍安全库存法

为了确保不断货又不积压，一般安全库存量以等于一个周期客户实际销量的1.5倍为标准。计算公式为：

一个周期的实际销量=上期存货+本期进货量-本期存货量

合理进货量=［（上期库存量+上期进货量）-本期库存量］×1.5-本期库存量

企业运用1.5倍安全库存法既能防止断货，挤压客户资金，同时又不至于造成产品积压。只有控制好合理的库存数，才能使厂家和经销商真正实现双赢，双方的合作才能愉快、轻松。

关键点提示

确定合理库存量的方法有以下三种：

1.正常库存控制数法；2.ABC分类库存管理法；3.1.5倍安全库存法。

5.6 如何做好运输管理

工作场景描述

当企业希望做好运输管理时，可查看。

解读与分析

高效的运输管理是确保分销渠道畅通的基础，它可以保证产品迅速、准确地到达分销网络的各个环节。运输管理主要包括以下几个方面的内容。

1. 运输工具的管理

企业可以选择铁路、公路、水路、管道、航空和集装箱联运等运输方式。企业在进行选择时，要充分考虑速度、频率、安全系数、运载能力、成本和特殊要求等各种因素的影响。如果托运方追求速度，航空运输和公路运输就是首选；如果是以低费用为目标，那么水路运输和管道运输则成为首选。

2. 运输方式的管理

主要的运输方式有主动送货、自行提货和共同承担。企业不能只罗列运输方式，还应简要描述如何对每种运输方式做好全程管理，以及怎样使用该运输方式等内容。

3. 运输路线的管理

企业应尽量避免走弯路、放空车。如果运输路线选择不当，可能会造成交货时间的延误，使成本升高，从而影响产品的竞争力。

4. 运输合同的管理

明确发货方、收货方及承运方之间的权利义务关系，规避法律风险。

5. 运输调度的管理

运输调度的主要任务是合理安排运力，使运输过程更加顺畅。由于气候、交通、车辆维护和雇员缺勤等各种因素的影响，运输问题会更加复杂化，因此这些因素是运输调度员在制订计划和进行日常控制时必须考虑的。

6. 运输人员的管理

这项工作包括相关人员的聘用、考核、奖惩和培训等方面的内容。

企业或经销商如果不能保证产品被及时、有效地运抵终端，结果就是失去顾客。运输绩效的高低直接关系到企业能否抢占市场先机。

关键点提示

运输管理的主要内容有以下六个方面：

1.运输工具的管理；2.运输方式的管理；3.运输路线的管理；4.运输合同的管理；5.运输调度的管理；6.运输人员的管理。